JN209311

クラーケン

モスマン

アルファベット刺繍の本

千葉美波子

UFO

アルファベットが好きです。

たった26文字の組み合わせで意味が作れること、ひとつきりでもイニシャルとして人を表せること。こんなシンプルな形状なのに生み出すものは無限で、まるで魔法のようです。

1文字でも、ワードになっても、26文字並んでいてもいい。意味をなさない状態でバラバラに転がっていてもいい。そんな魅力に惹かれ、アルファベットブックやワードブックを集めてきました。文字が絵を内包する楽しさは、それらの本から教わったのだと思います。

いつもデザインをしながら「この文字は彼に合うな」「この並びはあの人っぽい」なんて、パートナーや両親、弟妹や友だち、この間知り合ったばかりだけど気になる人を思い浮かべます。

優しかったり、美しかったり、奇妙だったり、親密だったり、理解できなかったり、愛そのものだったり、そんな多様なイメージを詰め込んでアルファベットを作ります。それを使って名前やことばを刺繍すること自体が、私にとってはコミュニケーションなのかもしれません。

この本を手にとってくださる方が、ご自分のために、愛する人のために、記念日に、なんでもない日に、唯一無二のことばを綴るお手伝いが少しでもできたら、とても嬉しいです。布に絵が描ける刺繍だからこそ、いろいろなシーンでお役に立てるのではと思っています。

千葉美波子　クロヤギシロヤギ

10 MÈTRES

CONTENTS

Story 2

Animals 生き物たち

Story 3

Imagination イマジネーション

デザイン／葉田いづみ

撮影／清水奈緒

鈴木信行（p.1、p.51、p.65、p.66-74）

スタイリスト／串尾広枝

DTP／天龍社

印刷／図書印刷

撮影協力／AWABEES

Tel 03 (5786) 1600

Memorial

Story 1

メモリアル

身近なモチーフをテーマにする時は、
誰にとっても普遍的な「愛おしさ」や「幸福感」が宿るよう、
なるべくシンプルなデザインにしています。
ひとつひとつはイニシャルというより、
ワンポイントのモチーフに見えるくらいの形。
でも、並べればちゃんと文字として読める。
そのくらいが、きっと贈り物にも使いやすい
バランスなのだと思います。
色も変えやすいので、自分や大切な人の好みで
刺し分けてみてください。

Stitch Sampler → p.78

アウトライン　A
フレンチノット　b
バック　c
チェーン　d
サテン　E
ランニング　j
ボタンホール　F
スプリット　G
バック×アウトライン　H
バスケット　i
コーラル　k
ペキニーズ　S
アウトラインフィリング　M
ロングアンドショート　N
ウィップドバック　O
チェーンフィリング　P
クローズドフェザー　Q
芯入りサテン　R
ノッテドボタンホール　S
シード　t
ホルベイン　u
ケーブル　V
コーチング　W
ダブルボタンホール　X
チェッカードチェーン　Y
レースドランニング　Z
ツイステッドチェーン×ウーブンスパイダーウェブ　!
フィッシュボーン×ウーブンスパイダーウェブ　?

一文字ごとに新しい技法に出会える刺繍見本。
すべて刺繍すれば28のステッチが学べます。
優美なラインは特別な贈り物にも。

Capital Letter → p.79

小文字—○□△のデザイン

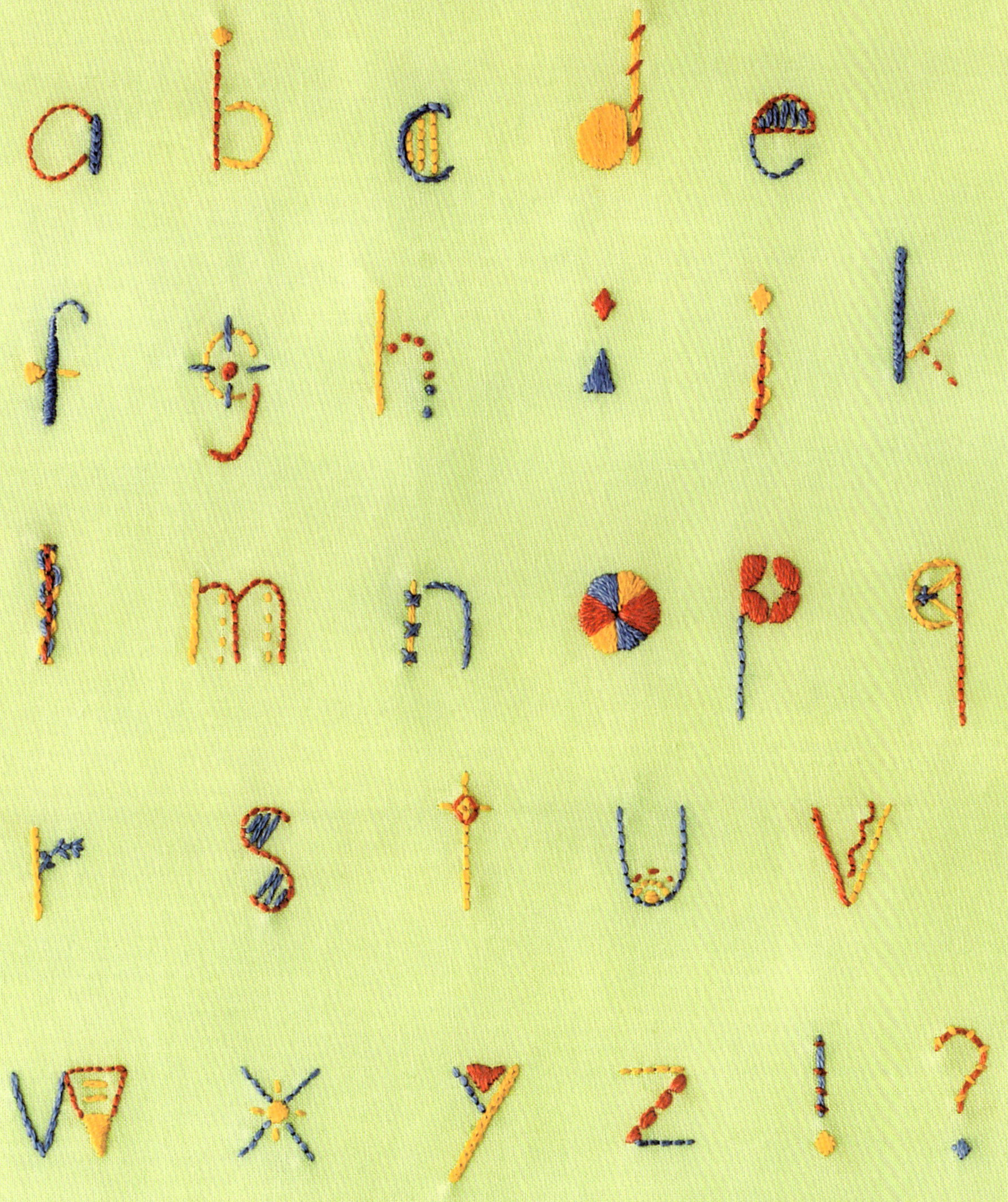

Small Letter → p.80

Needlework → p.81

糸切りばさみ　キルト　メジャー　ピンクッション　スプールスタンド　リボン

スレダー　布を切る　定規　布　刺繍糸とリボン　針

糸車　指輪型ピンクッション　刺繍枠　アイロン　キルトのピンクッション

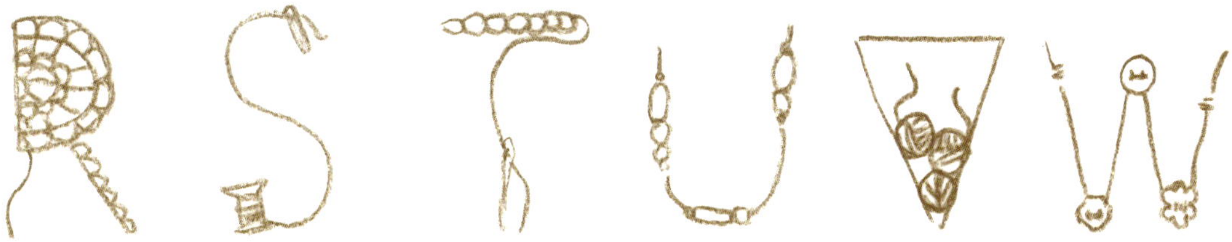

レース編み　糸巻き　刺繍　ビーズ　毛糸　ボタン

布切りばさみ　リッパー　ルレット　まちばり　ステッチ

お世話になっている相棒たちのモチーフ。
「いつもありがとう」の気持ちを込めてデザインしました。
手芸好きな皆さんに楽しく使ってもらえますように。

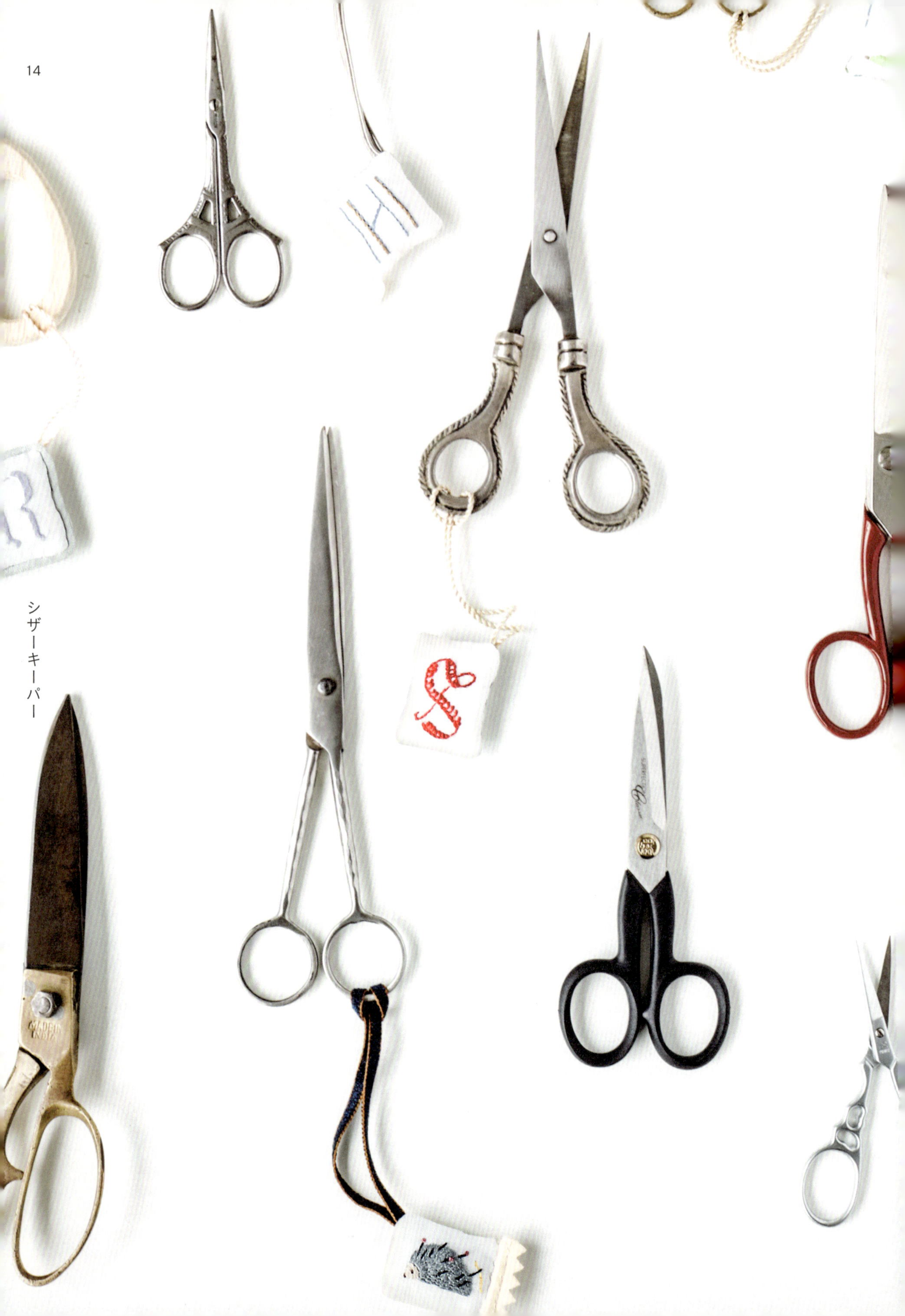

シザーキーパー

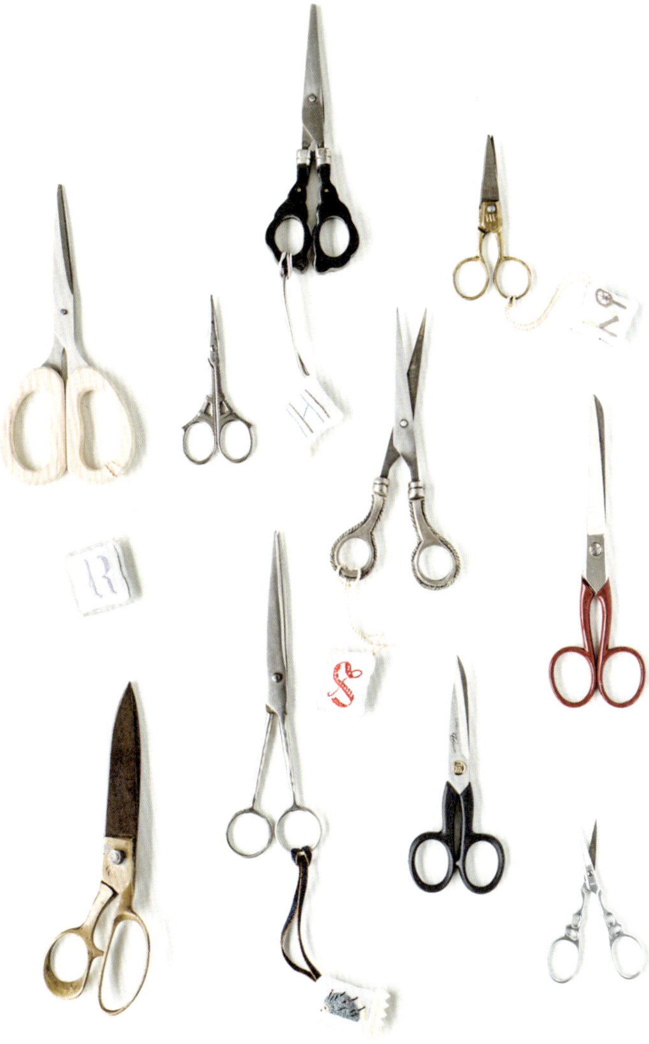

Scissors Keeper → p.100

Spring → p.82

もぐら
アネモネ
シロツメクサ
スワン
すみれ
ミモザ
風船
春のおうち
ラナンキュラス
ルピナス
うさぎ
チューリップ
さくらんぼ
うさぎ
蝶々
桜とスワン
春の夜空
すずらん
恋人たち
いちご
ばら
ナズナ
タンポポ
スワンの努力
うさぎ
桜ともぐら
桜
桜

色があふれるこの季節、家に閉じこもってなんて
いられません。散歩道で出会う動植物で、
春のワクワクを表現しました。

Botanical → p.83

ジェンダーレスな植物刺繍の表現を模索した一式。
クロヤギシロヤギとして初めてデザインした、
10年以上前のアルファベットを新たに刺繍し直しました。

Summer → p.84

暑さを吹き飛ばしてくれそうな海の図案。
黒や紺一色でクールな印象にして使うのもステキです。

秋

Autumn → p.85

秋キャンプ
シマリス
キツツキ
中秋の名月
鹿の夫婦
紅葉樹
カボチャ
ふくろう
切り株
リスのごちそう
イチョウ
うさぎ
ラブバード
たぬき
シロクマ
茹で栗
りんご
エゾリス
キツネ
FALL
秋の入り口
酸っぱいブドウ
雄鹿
落葉と木の実
蛾
キノコ
登山
アザミ
三日月

しっとり、こっくりした色に移り変わる実りの秋。
手仕事が楽しくなる季節に、ぜひトライしてください。

Märchen → p.86

簡略化された世界観に真理が描かれていると言われる童話。
自分のイニシャルの物語にどんな意味が込められているか、
考えてみるのも楽しいかも。

A　長靴をはいた猫——粉引き職人が亡くなり、末っ子が猫を相続する。この猫が知恵と機転で末っ子を伯爵に仕立て、お姫様と結婚させるまでの物語。長靴は末っ子のプレゼント。

B　3匹のくま——イギリス民話。森で迷子になった女の子は一軒家に迷い込み…大きなくま、中くらいのくま、ちいさなくまと少女の束の間の邂逅を描く。

C　ナイチンゲールとばらの花——オスカー・ワイルド作。青年の恋を成就させるため、その血で白いバラを赤く染め上げる小鳥の愛が、とても哀しく美しい物語。

D　巨人の玩具——ある日巨人の娘は百姓と馬を見つけ、いい玩具を見つけたと持ち帰るが、父親に返してくるよう叱られる。「人間が働かないと我々もパンを作れないのだよ」

E　ホレおばさん——不思議議な力を持つホレおばさんのため懸命に働いた娘は、たくさんのお金を手に入れ帰宅する。羨ましく思った怠け者の娘もおばさんのところへ出かけるが…。

Stitch Tape → p.101

Winter → p.87

積雪
雪うさぎ
冬支度
スノードーム
松ぼっくり
冬枯れ
つらら
鹿
おでん
流れ星
セーター
そり
氷山
暖かい我が家
雪の結晶
寒椿
眠り猫
毛糸玉
落葉
きつね
お茶の時間
手袋
マフラー
スケート
シロクマ
スキー
赤い実
松

日本独自のモチーフも少し取り入れて、
大人っぽくデザインした冬のアルファベット。
銀糸や金糸を組み合わせても素敵ですよ。

Christmas → p.88

クラシカルなカラーで表現したクリスマスの世界。
オーナメントやコースターなど、今年は早くから準備して、
12月の部屋を彩りましょう。

クリスマスオーナメント

Christmas Ornament → p.102

外した後はストラップやワッペンに使えます。

Gift Label → p.103

Animals

Story 2

生き物たち

子どもの頃、動物番組を観ながら
手描きの図鑑を作っていました。
父からのアメリカ土産でもらった動物図鑑のページを開くと、
その当時、調べて書いた拙い字の翻訳のメモが挟まっています。
「知りたい」という熱意を形にしてきたのは、
そんな風にいつも手を動かす作業でした
――今は刺繍がその手段かもしれません。
刺すことで多様性を表現したい。
スポットライトが当たらない生き物も含め、
より多くの命を刺繍し、その素晴らしさを
この手で実感する、そんなきっかけになりますように。

Wild Animals → p.89

野生の動物には格別の魅力があります。多様な命が存在する世界の
楽しさ、素敵さ、得難さに想いを馳せながら、ひと針ひと針刺しました。
動物名の頭文字とアルファベットが対応しています。

My family → p.90

私たちと一緒に暮らしてくれる動物たちは、
それだけで愛に溢れた存在です。“うちのコ”の顔を
よく観察して、目の位置や模様を似せてみても。

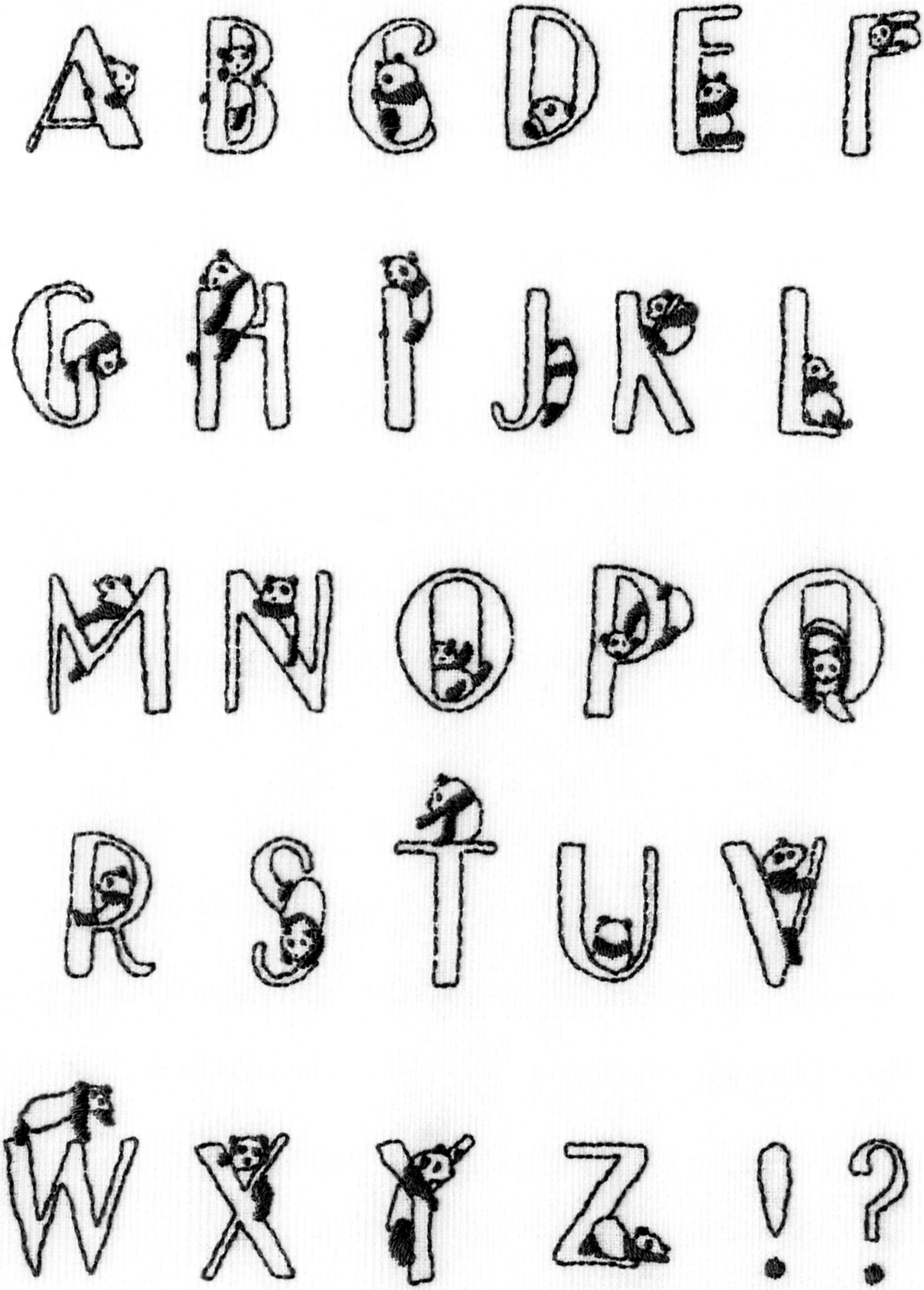

ちょっと刺すだけで、ちゃんと愛くるしい。
そんな図案を目指しました。図案を正確に写し、
その線を忠実に刺繍すると上手に仕上がります。

Panda → p.91

アデリーペンギン

シンプルなステッチしか登場しないものの、
目がポイントです。how toページを参考に、
つぶらな瞳を目指してください。

Penguin

→ p.92

ブックマーク

Bookmark → p.104

EXLIBRIS　蔵書票（エクス・リブリス）。本の見返しに貼る紙片で、所蔵者を明記するもの。凝った意匠が見られ、美術品として愛好者も多い。

Wappen - EXLIBRIS → p.105

Birds → p.93

くちばしと脚の古代的な力強さ、達観したような瞳、
多様な彩りの羽根。鳥の美しさは言葉に尽くせません。
小さな文字にも、その素晴らしさが宿るようにー。

Fishes › p.94

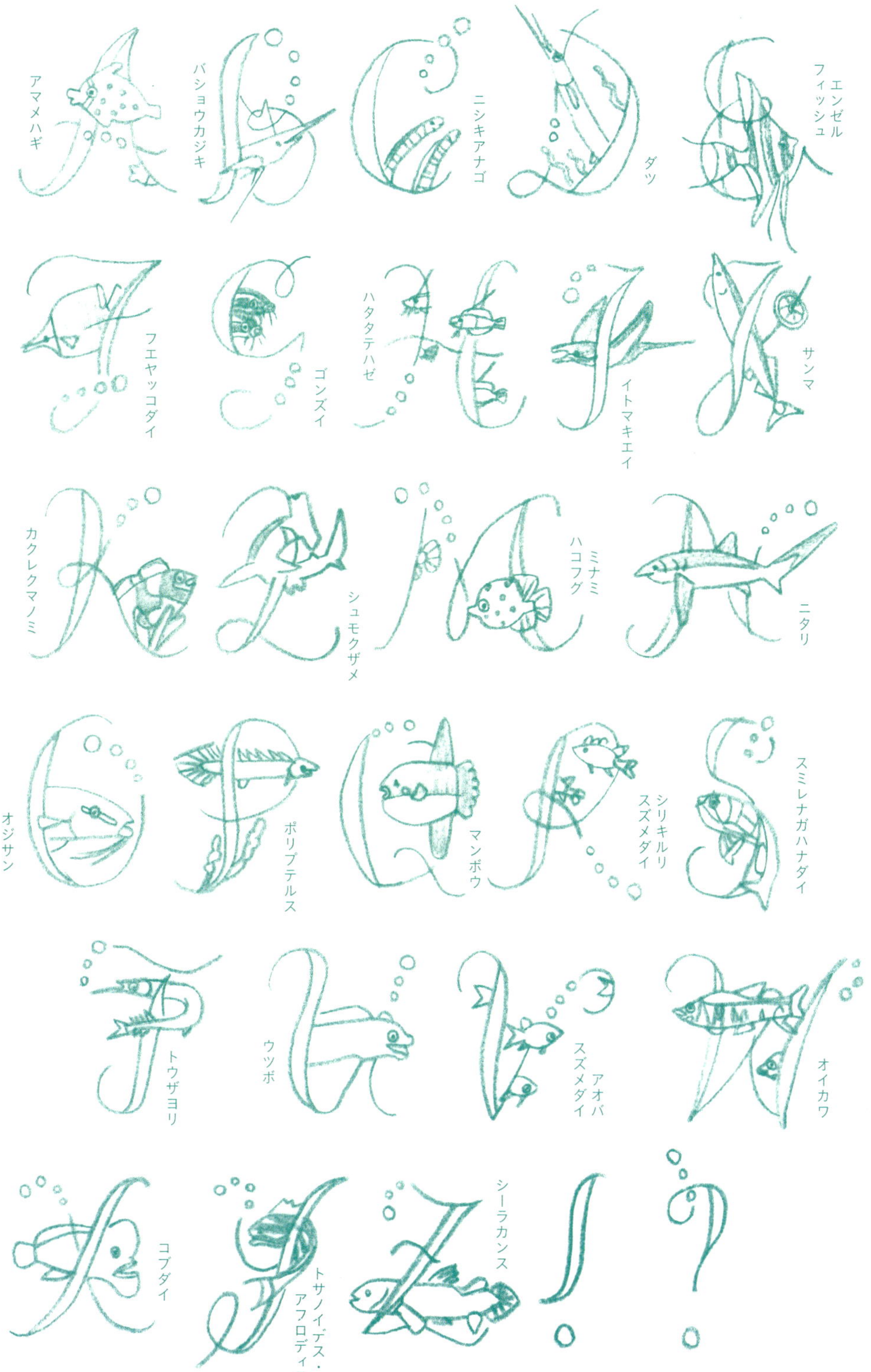
アマメハギ
バショウカジキ
ニシキアナゴ
ダツ
エンゼルフィッシュ
フエヤッコダイ
ゴンズイ
ハタタテハゼ
イトマキエイ
サンマ
カクレクマノミ
シュモクザメ
ミナミハコフグ
ニタリ
オジサン
ポリプテルス
マンボウ
シリキルリスズメダイ
スミレナガハナダイ
トウザヨリ
ウツボ
アオバスズメダイ
オイカワ
コブダイ
トサノイデス・アフロディテ
シーラカンス

水をイメージしたアルファベットの周りを泳ぐ
色とりどりの魚たち。釣り好きな人にも贈れるよう、
大人っぽくデザインしました。

Kitten → p.95

子猫の動作をモチーフにした小文字のアルファベット。
“うちのコ”の柄で刺せば、
スペシャルな一文字が完成します。

1930
Diary
merci
merci
merci
merci
MADE IN GT BRITAIN REXEL CUMBERLAND Derwent Studio
Chinese White 72

Message

メッセージ

本が好きな私にとって、物語を構成する文字は強烈に引きつけられる存在です。p.18掲載の「植物(Botanical)」を皮切りに、今まで60組以上のアルファベット刺繍のデザインをしてきました。文字の刺繍は昔から人気のテーマですが、使う人の組み合わせ次第でメッセージ性を持ち、さらに幾通りもの表情を持つのも魅力です。

ことばを刺繍することは、記憶と強く結びつくことのように思います。大切なことを噛みしめるように、刻み付けるように一書くよりも奥深い段階、”刻む”とでも言うのでしょうか。実際、人類の歴史上初期の頃に表れたとされる文字、楔形《くさびがた》文字やヒエログリフは、粘土や石に“刻んだ”ものでした。時間がかかり、凹凸を指でたどれる刺繍も布に“刻んで”いるのかもしれません。

慣れ親しんだことばが、刺繍によって現れる。それが、デザイン的でカラフルだったら、より強く新鮮に映ります。絵のような存在感と、並べたときにメッセージが現れる意外性。それが私の目指している刺繍文字です。

同一デザインでことばを綴るだけでもいいけれど、複数のデザインを組み合わせた新しい表情も楽しいものです。手始めに、シンプルな小文字のデザイン(p.11、48)を、他の絵のようなデザイン文字と組み合わせてはいかがでしょうか。一番カンタンなのは、左ページのように頭文字だけをデザイン文字に変えること。どのデザイン文字を選んでもバランスが取れます。慣れたらいろいろ組み合わせてみてください。

絵のようなことばを「読もう」とすることで、ことばを捉え直す。それも装飾的なアルファベットのいいところではないでしょうか。

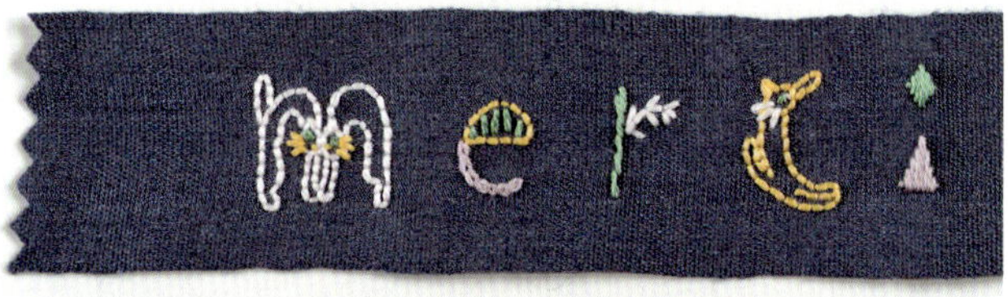

図案3点と作品→p.108

Imagination

Story 3

イマジネーション

デザインの最初のスタート地点は、ことばです。
ことばはもっとも強く、深く、自由にイメージさせてくれます。
「なかよし」と聞いて浮かぶビジュアルは人それぞれだけど、
手をつないだ絵になってしまうとその印象に縛られてつい、
それが答えのように感じます。
だから、形や色を物語るように描きたいとき、
目に見えないものを空想するとき、最初の足がかりになる
文字情報を大事にしたいと思います。
ことばからイメージした姿形、関係性、色、背景、顛末。
知っているつもりのアルファベットに物語が宿る－難しいけれど、
一番ワクワクするときかもしれません。

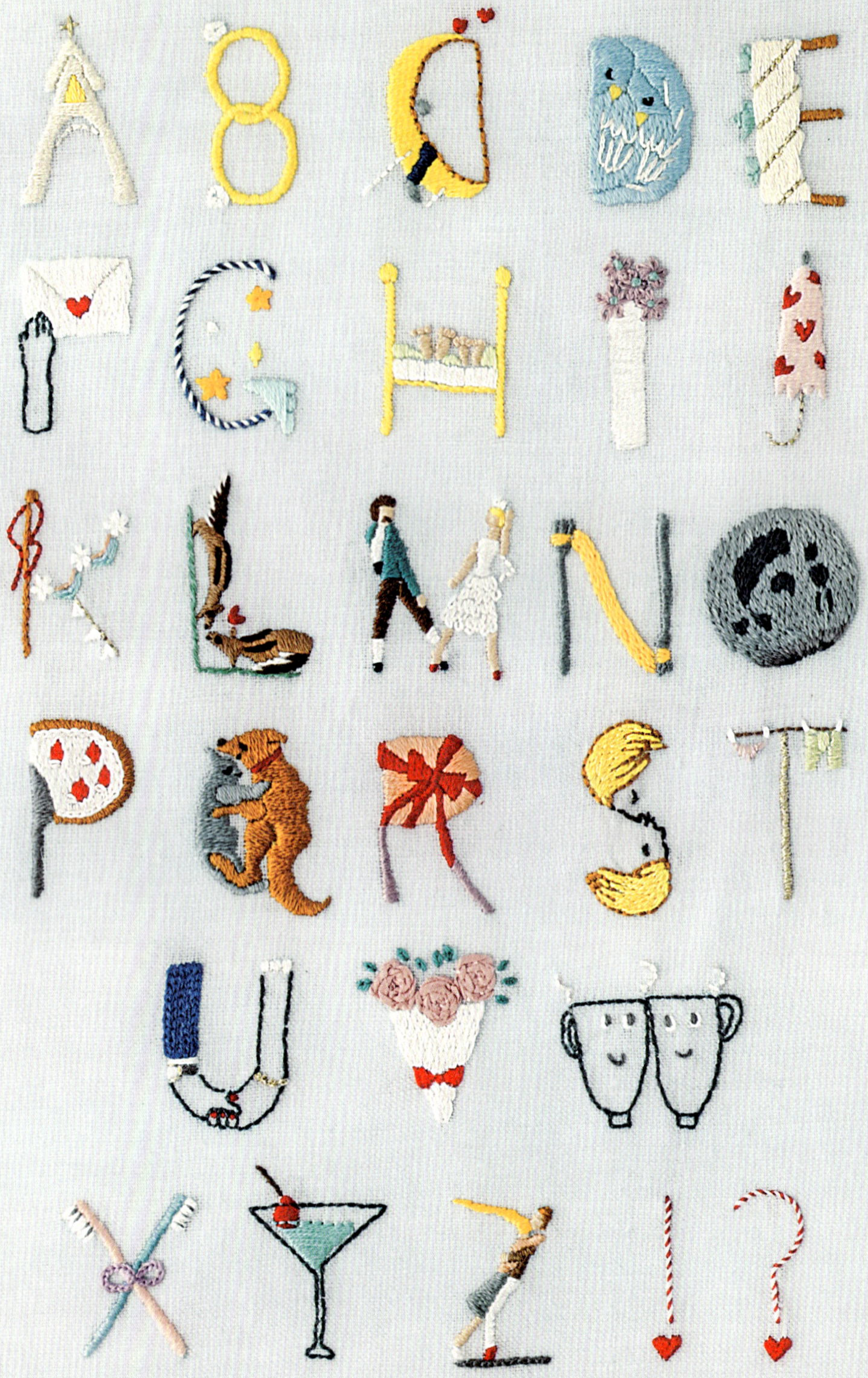

I love you → p.96

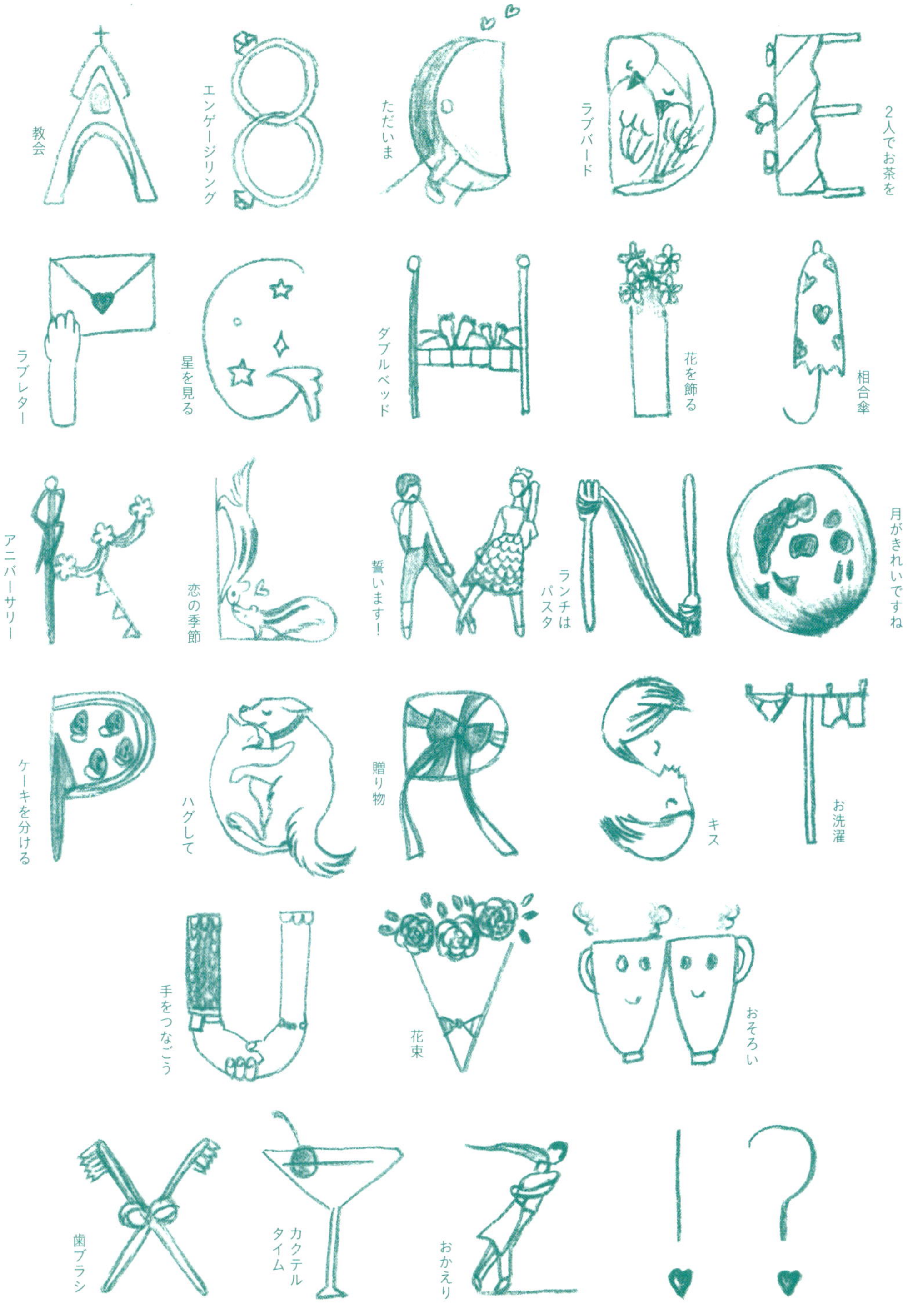

愛してる。 この気持ちを形にしたら、
どんなデザインができるだろう。そんな想像から生まれた
私なりの愛のひと揃いです。

未確認生物

UMA → p.97

生物学上のセオリーを飛び越えた性質がなんとも魅力的で、
デザイン心をくすぐられるUMA（未確認生物）たち。
自由な気持ちで刺繍してください。

サンプラーワッペン

Sampler Wappen → p.106

ティーバッグカバー

Tea bag Cover → p.107

親子

Family → p.98

ふたつのモチーフでひとつの文字を作る“ペアシリーズ”。
同じ色、同じ形状の2匹を刺し分けるには
糸を刺す方向が大切です。

Nemesis → p.99

生物界の天敵同士を題材にした“ペアシリーズ”。
弱肉強食というテーマにちょっとくすりと笑える
モチーフも交えて、シニカル＆コミカルに。

Columbine Notes
for EVERYDAY
COLORADO STATE FLOWER
12 NOTES
12 ENV

Monogram

モノグラム

　アルファベットを見ると、反射的に自分のイニシャルや大切な存在の頭文字を探してしまう、という方は多いと思います。

　そう考えるとアルファベットには常に人の気配が潜んでいて、まるでそれ自体が命を持っているように感じられます。文字の歴史を辿ると、Aはおおらかさや気品、Cは開放や宇宙、Rは力と怒りといった性質を持っていると考えられていて、まるで有機体です。

　私はよく、お祝いの日やなんでもない日に、家族や友だちに親密な気持ちを込めてイニシャル刺繍のハンカチをプレゼントします。一緒に海に旅行へ行った仲間には海のアルファベット、リスが好きな母にはリスのアルファベットという具合です。ことばは人間が他者とコミュニケーションを取るために生まれたものですから、贈り物に文字というのはごく自然なことなのでしょう。でも、イニシャルものは気恥ずかしいという方もいらっしゃるので(実は私もその一人)、一見絵のように見える、というバランスをつねに意識しながらデザインしています。

　ここ最近、気になっているのが、モノグラムの刺繍です。

　ファーストネームとミドルネームを重ねる伝統的なデザインですが、これをご自身のイニシャルと、パートナーや子ども、いつもの仲間、一緒に暮らすペットなどの大切な存在のイニシャルを重ねる、という形で提案したいのです。

自分のイニシャルと好きな動物、好きなモチーフ。贈る相手と贈る季節にちなんだデザインのイニシャルなどもいいですね。

　絆を表現した、本当に特別な一枚になると思います。

モノグラム用の図案と作品→p.110

Lesson

刺繍の道具と刺し方

基本の道具

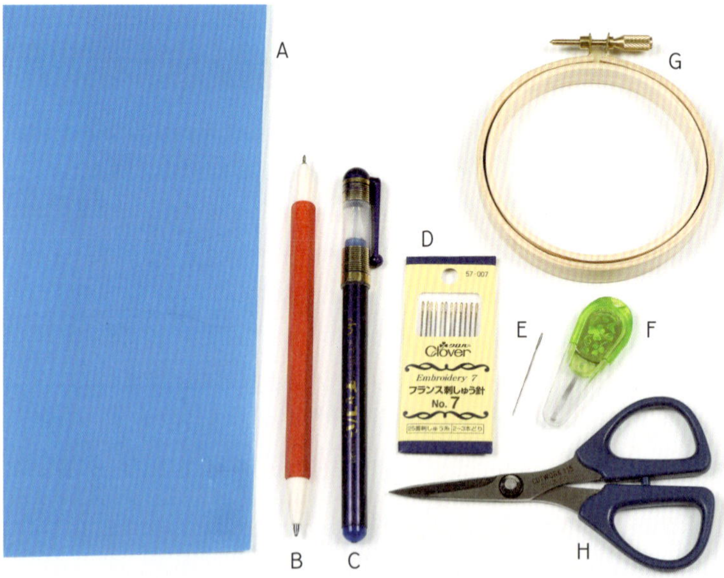

A 手芸用複写紙

図案を布に写すときに使用。鉄筆(B)、あるいはインクが出なくなったボールペンでも代用可能。※写真は、線が水で消えるタイプのため、刺繍後、霧吹きで線を消して、乾かしましょう。

B 鉄筆

複写紙を使って図案を写すときに使用。

C 印つけペン

水で消える水溶性のペン。細い線が書けます。写した図案が薄かった場合、書き足すのに便利。

D フランス刺繍針

使用する糸の本数によって針穴の大きさが異なります。本書は主に2本取りで刺すため、7号刺繍針を使用。

E クロスステッチ用の針

先が丸い針。糸にくぐらせるステッチに使用。

F 糸通し

針穴に糸を通すのに便利。

G 刺繍枠

布を張るのに使用。本書のアルファベットの場合、8～12cmの小さいサイズがおすすめ。

H はさみ

糸を切るのに使用。

A チャコピー、B トレーサー、D フランス刺しゅう針No.7、E クロスステッチ針、F エンブロイダリースレダー／クロバー株式会社
C チャコパー、G 刺繍枠〈直径8cm〉／株式会社ルシアン

図案の写し方

1 布の上に手芸複写紙、図案、セロファン(あるいはトレーシングペーパー)の順に重ね、まち針を打つ。

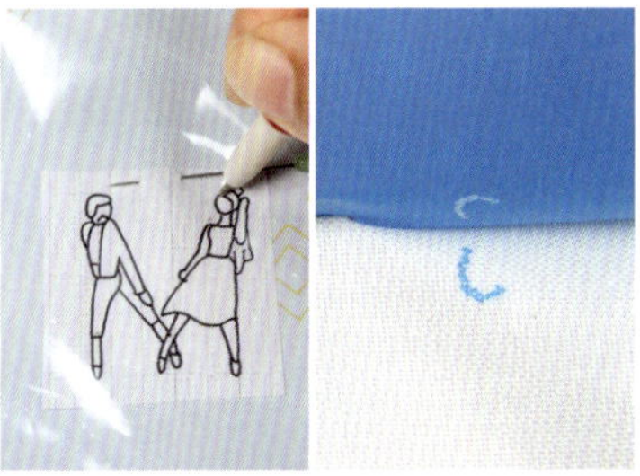

2 鉄筆で図案をなぞって写す。少し書いた時点で、動かさないように注意して複写紙をめくり、写っているか確認して力加減を調整する。

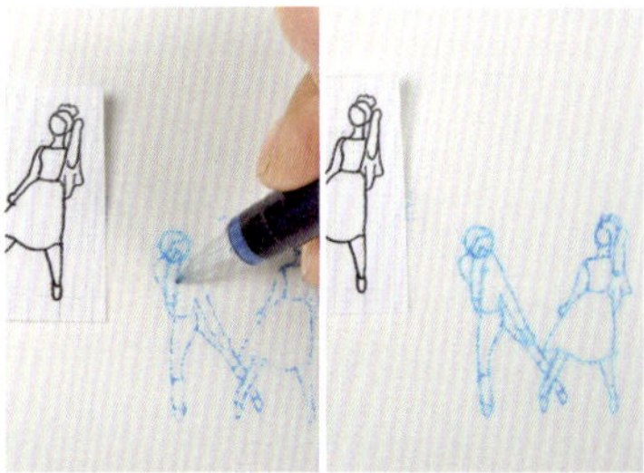

3 図案を写し終えたら、まち針を外す。線が薄い箇所は、図案を見ながら書き足すとよい。

刺し順

◎ 線刺し

一筆書きの要領で、無駄なく刺すと、裏に渡る糸が少なくてすみます。線から線へ移動する際に、1.5～2cm以上糸が渡る場合は、糸を切って新たに刺しましょう。

◎ 面刺し

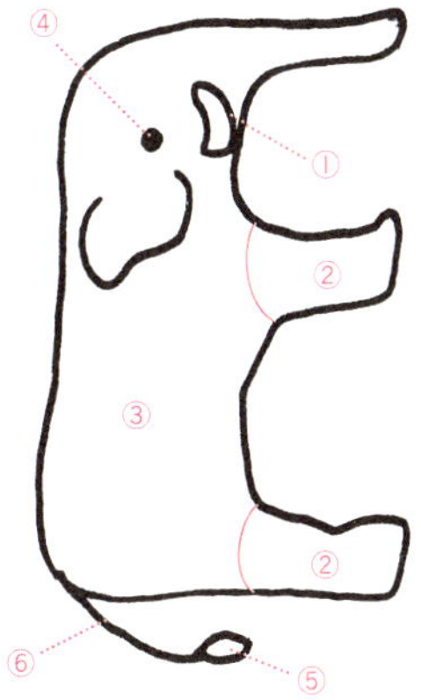

遠近感を意識して、手前にあるパーツから順に刺します。線の刺繍と同様に、裏に糸が長く渡る場合は、糸を切って移動しましょう。また、目や鼻などごく小さなパーツは、埋もれないように最後に刺します。▷刺し方例は71ページ。

刺し始めと終わり

◎ 線刺し

刺し始め

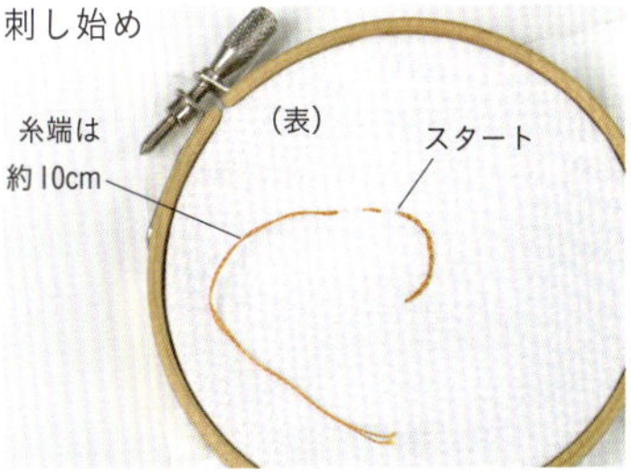

離れた位置に針を入れて布をすくったら(捨て針)、刺し始めの位置に出して刺繍する。

刺し終わり

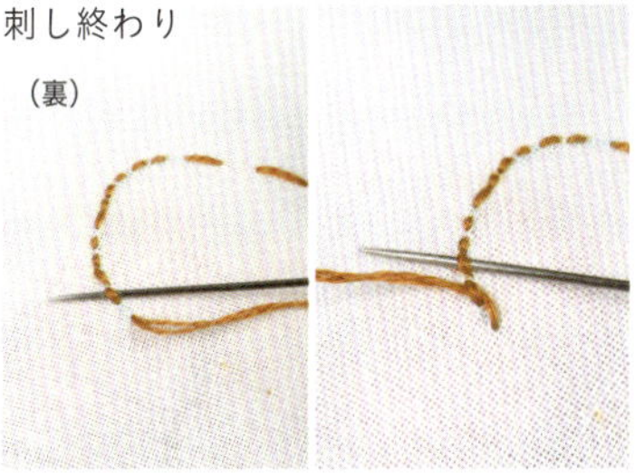

布の裏に渡った糸に針を数回くぐらせる。

→

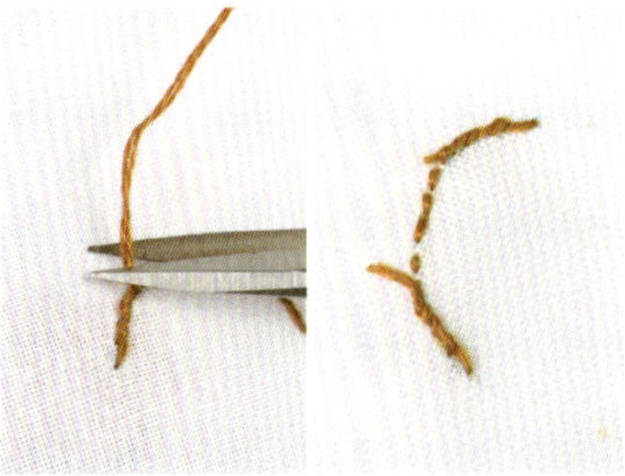

きわで余分な糸を切る。刺し始めの糸(捨て針)も裏側にすべて引き出し、同様に始末する。

◎ 面刺し

刺し始め

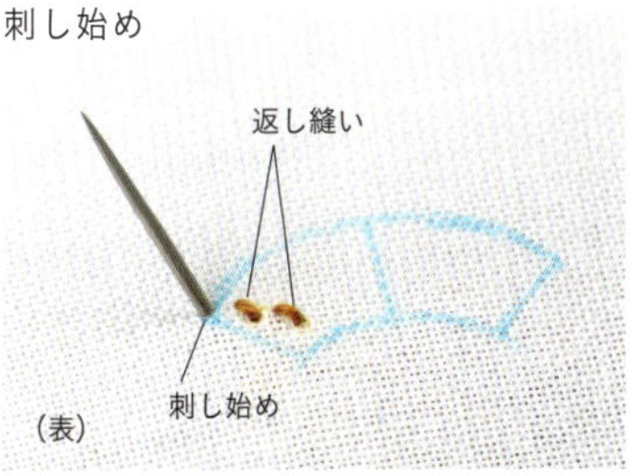

図案の内側で2針ほど小さく返し縫いして(捨て針)、刺し始めの位置に針を出して刺繍する。

刺し終わり

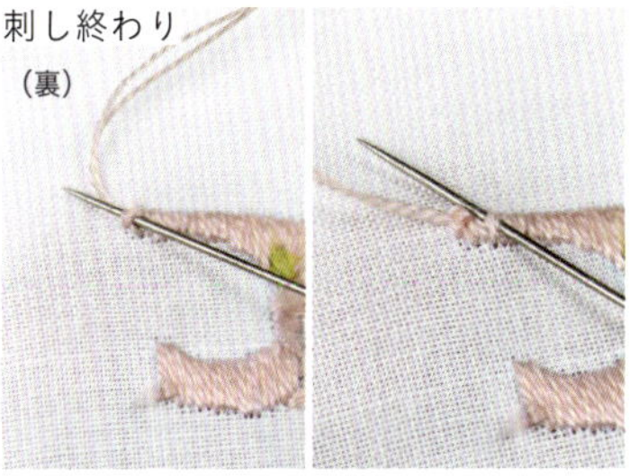

裏に渡った糸に数回針をくぐらせる。

→

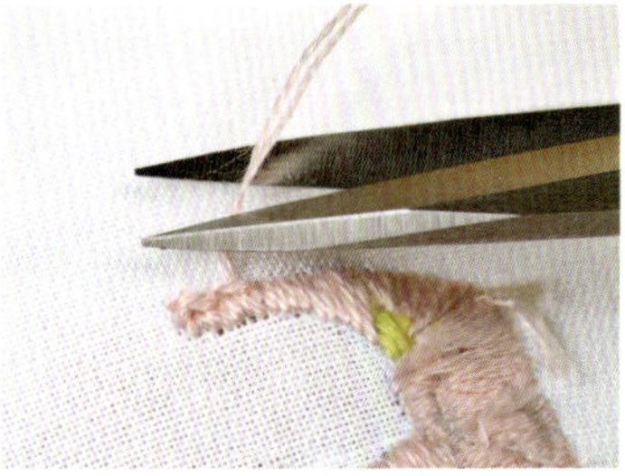

きわで余分な糸を切る。

線刺し

◎ アウトライン ステッチ

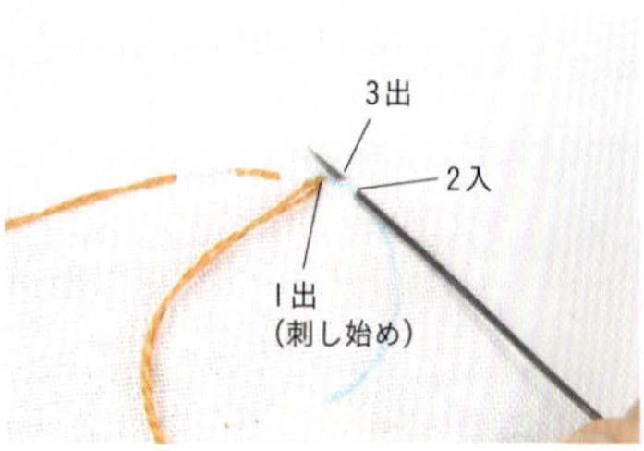

1　刺し始めは、図案の線の端から針を出し、半目分すくう。

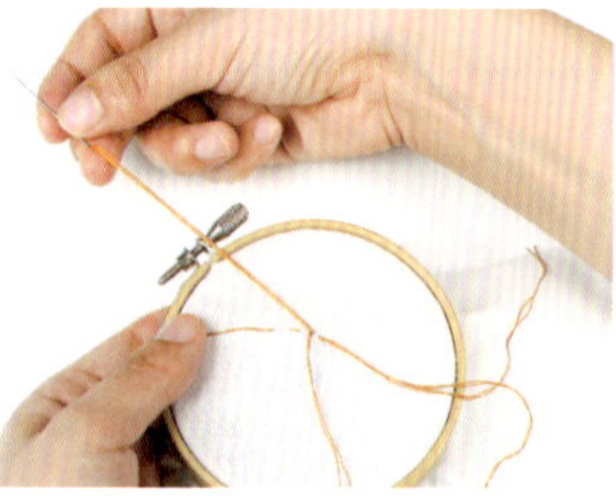

2　糸を引く。針は真上に持ち上げず、写真のように手前から奥へと水平方向に動かし、糸を引く。

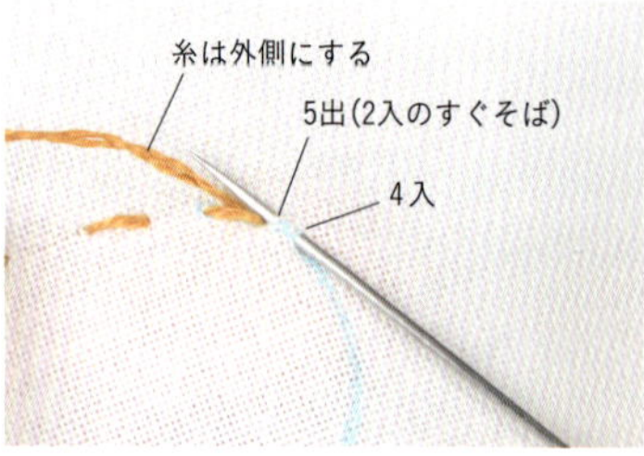

3　1目めができる。次の目は、半目分すくって糸を引く。

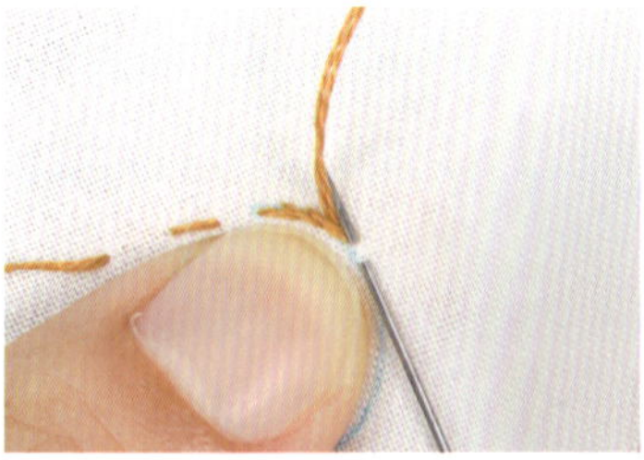

4　3と同様に、つねに半目ずつすくって刺していく。曲線の場合、写真のように指を添え、指先のカーブをガイドにするときれいに刺しやすい。

アップダウンで刺す場合

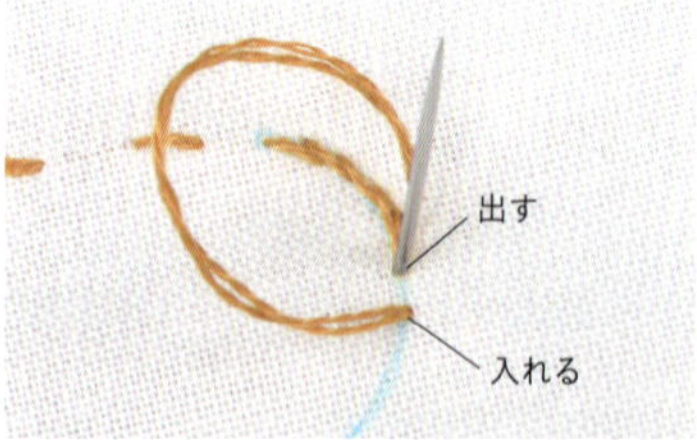

針をねかせて布をすくうのが苦手な場合、針を「入れる」「出す」動作を分ける方法もあります。半目先に針を入れ、糸を引ききる前に、針を布の表に出します。

→

糸を引くと、すくって刺した場合と同じようになります。針の動作を「入れる」「出す」の工程に分けることでシンプルになり、初めての人にもおすすめです。

〈応用〉アウトライン フィリング ステッチ

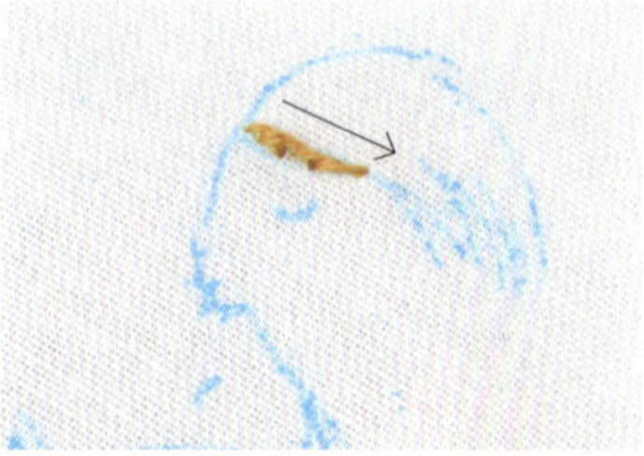

1　図案の輪郭に添って、1列めのアウトラインSを刺す。

2　続けて2列めを刺す。1列めのステッチに添って、図案の端から端まで刺す。

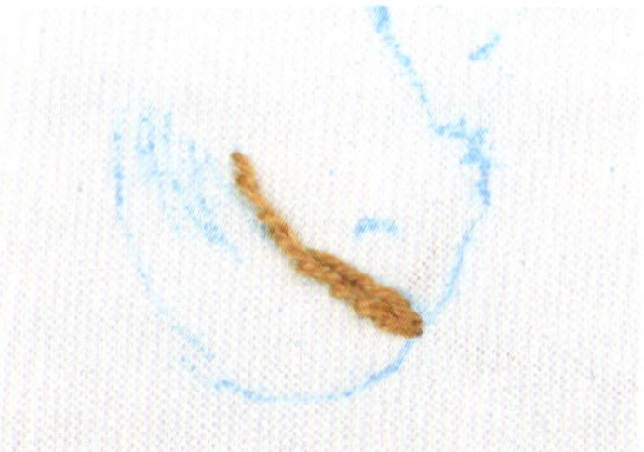

3　2列めを刺し終えたところ。1列めとの間にすき間ができないようにするのがポイント。

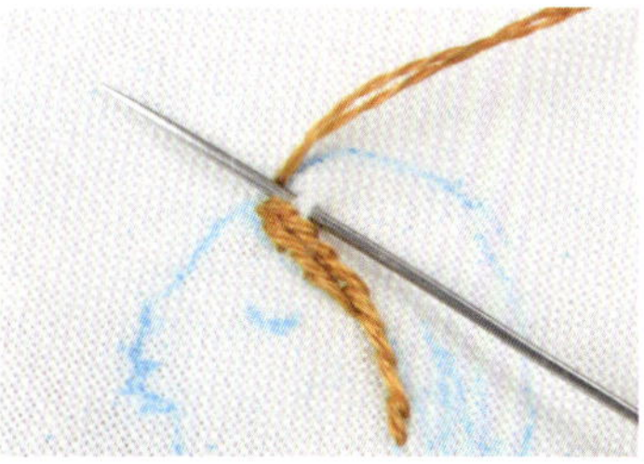

4　続けて3列めを刺す。写真のように、列によって刺しやすい向き、あるいは、離れ過ぎない位置から次の列を刺す。

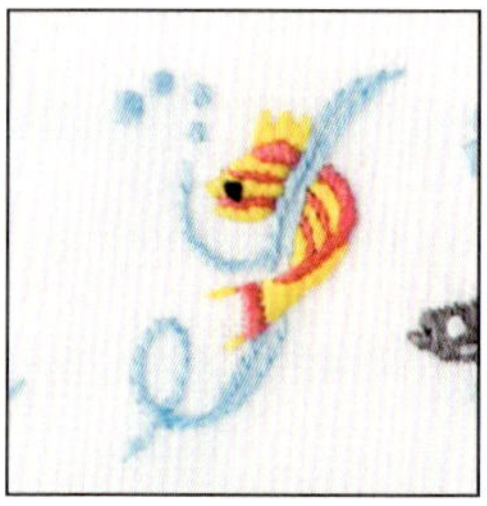

カーブした縞模様に使用。ステッチを重ねた分だけ、太くなります。
p.46—魚「Y」

髪の毛部分を刺し埋めました。サテンSとは異なる表情に。
p.54—好き「S」

◎ チェーン ステッチ

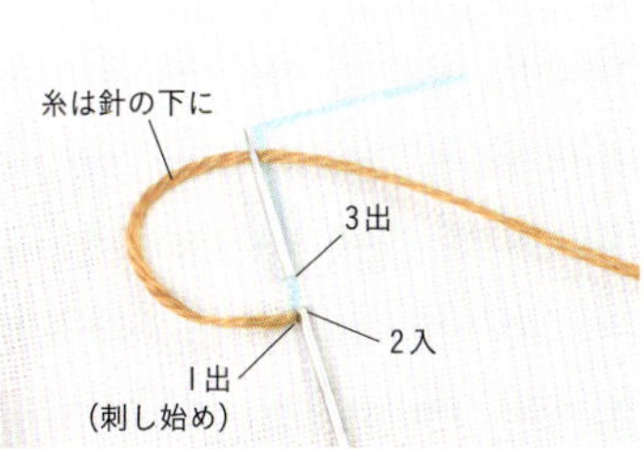

1 図案の端(刺し始め位置)から針を出し、再び同じ位置に針を入れて、布をすくう。

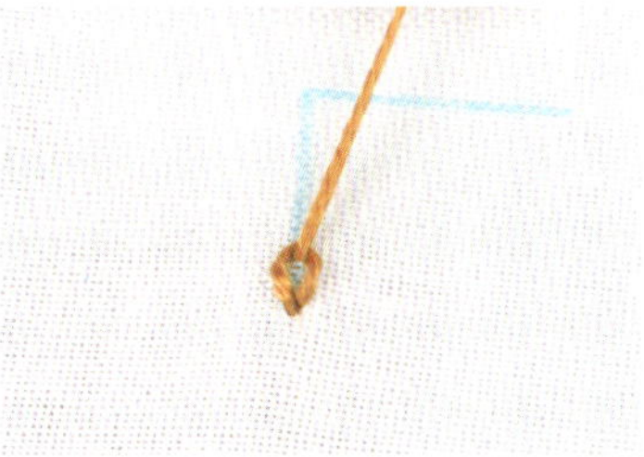

2 糸を引くと輪ができる。引き加減によって、大きさが変わるので注意。

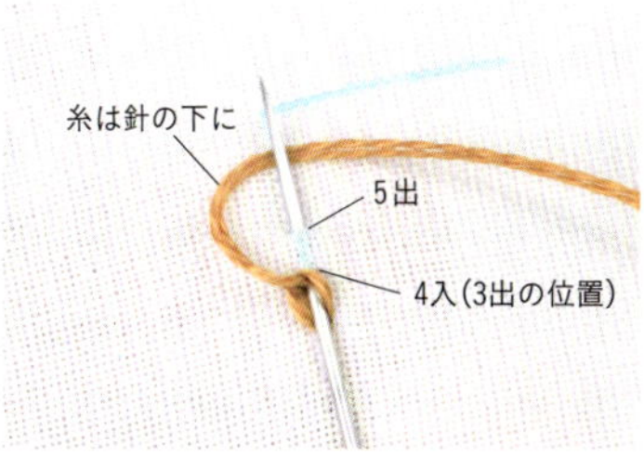

3 輪の中の2と同じ位置に再び針入れ、布をすくう。

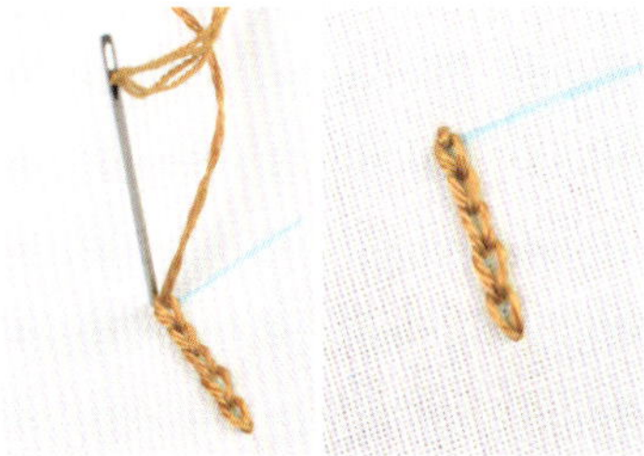

4 3をくり返し、端まで刺したら、輪のすぐ上に針を入れてとめる。

角(カーブ以外)の場合

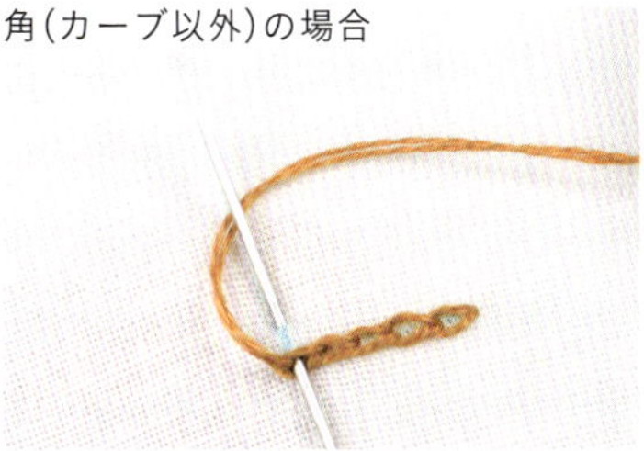

4から続けて、端でとめた輪の中に針を入れ、布をすくう。

→

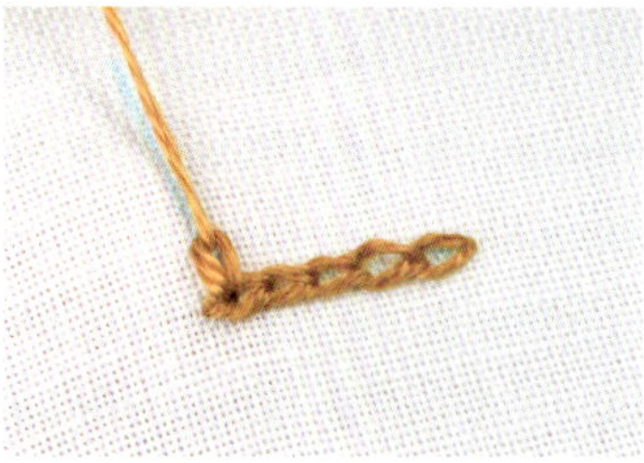

ステッチがきれいに曲がる。続けて端まで刺す。

〈応用〉ウィップド チェーン ステッチ

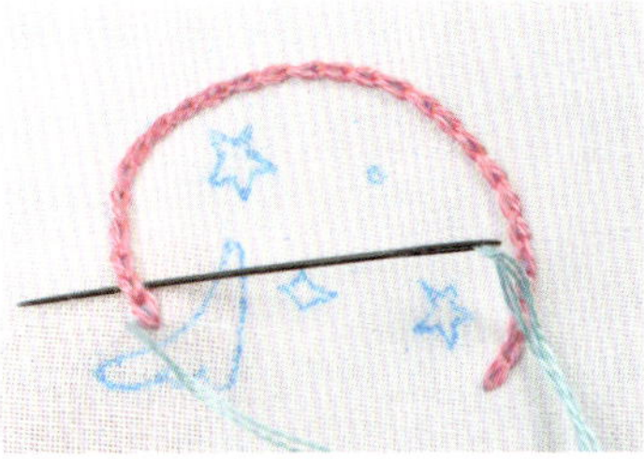

1 チェーンSした後、端から別糸を通した針(先が丸いクロスステッチ針)を出し、2つめの輪にくぐらせる。

2 糸を引くと、糸がスパイラル状に巻きつく。同様にして、3つめ以降も順にくぐらせていく。

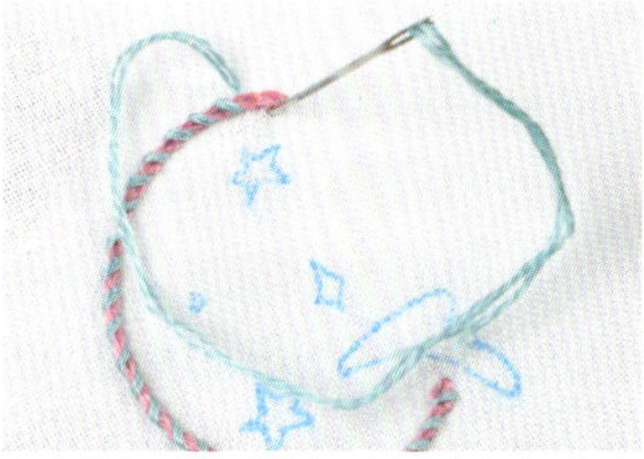

3 端から2つめの輪までくぐらせ、最後の輪のそばに針を入れる。

小さく刺すと太めの線のようになります。
p.11—小文字「Y」

ニットの編み目の模様が表現できます。
p.28—小文字「L」

チェーンSと巻きつける糸の2色でストライプ模様に。
p.54—好き「G」

◎ レゼー デージー ステッチ

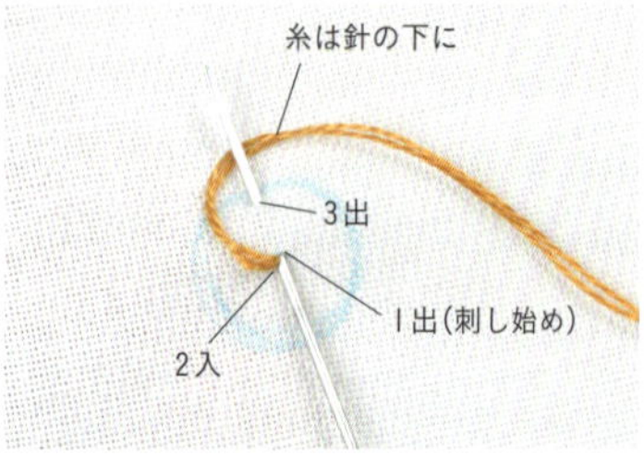

1 針を出し、再び同じところに針を入れ、布をすくう。

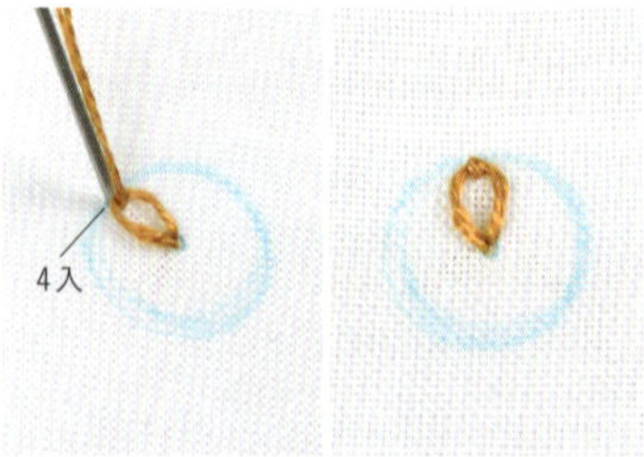

2 糸を引くと、輪ができる。輪のすぐ上に針を入れてとめる。

3 放射上に刺す場合は、続けて、隣に同様に刺す。

〈応用〉オープン レゼーデージー ステッチ

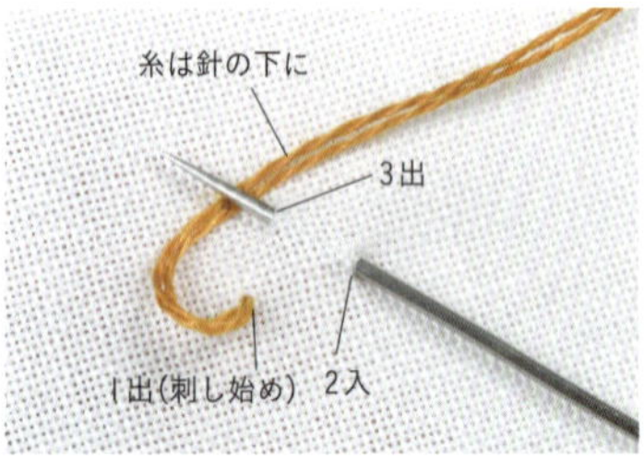

1 針を出し、少し離れた位置に針を出して布をすくう。

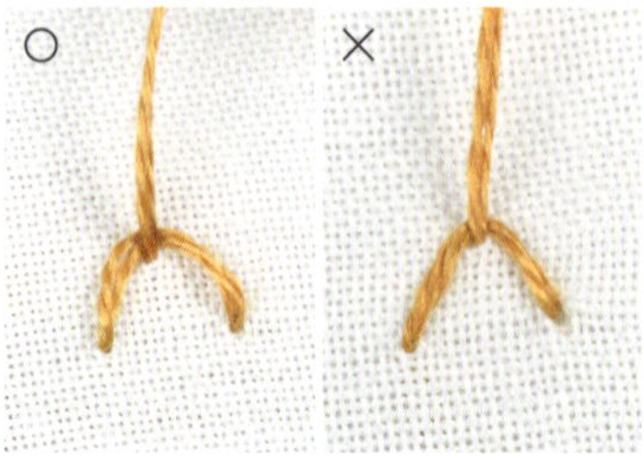

2 糸を引く。引き過ぎるとV字になるので注意。※フライSの場合はV字にする。

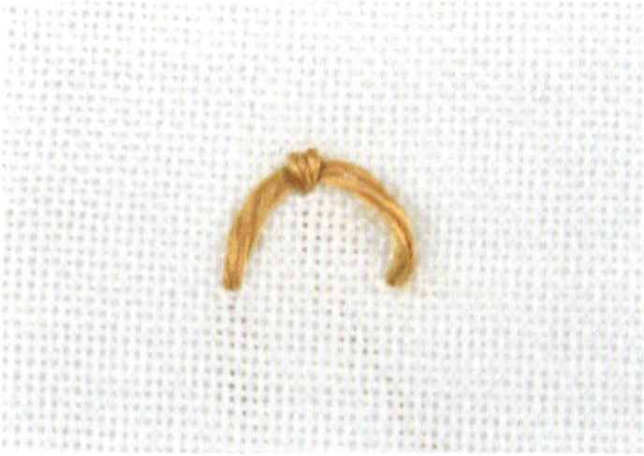

3 カーブのすぐ上に針を入れてとめる。レゼーデージーSの端が開いた形になる。

ハサミの持ち手のカーブを表現。
p.12—針仕事「H」

小さな花びら。モグラの指も同じステッチです。
p.16—春「A」

小さな六角星を、V字形(フライS)で表現。
p.30—クリスマス「G」

ジャガーの模様がくっきり。斑点をストレートSで加えても。
p.36—アニマル「J」

フレンチノットSを囲んで、目や模様を表現。
p.44—鳥「J」

鳥の羽のラインを表現。縦長にすればU字に。
p.54—好き「D」

面刺し

◎ サテン ステッチ

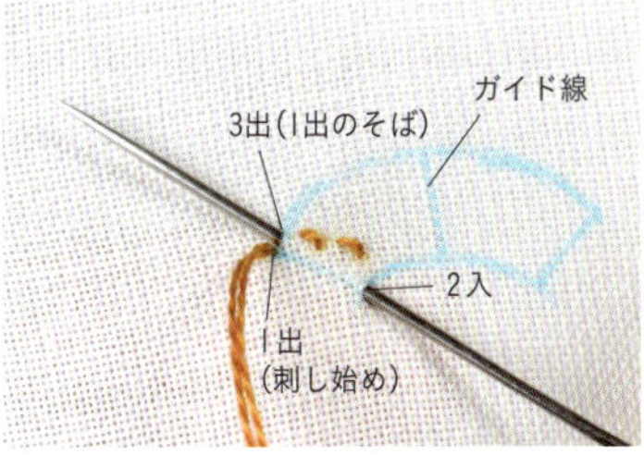
ガイド線
3出（1出のそば）
2入
1出
（刺し始め）

1　図案線上に針を出し、図案の端から端まですくう。針目が揃うように、図案の中心にガイドとなる線を書くとよい

2　糸を引く。図案の線が隠れる。

3　続けて、同様にして図案の端から端まで埋めるように刺していく。

4　カーブの場合、密集する内側のステッチを徐々に短くして、スペースをあける。

5　カーブが急な箇所にきたら、端から端まで刺す。4であけたスペースによって、きれいに曲がる。

6　中心のガイドまで刺したところ。この時点でガイドの線に揃っているとよい。残り半分も端まで刺す。

サテン ステッチの刺し順とすき間のあけ方

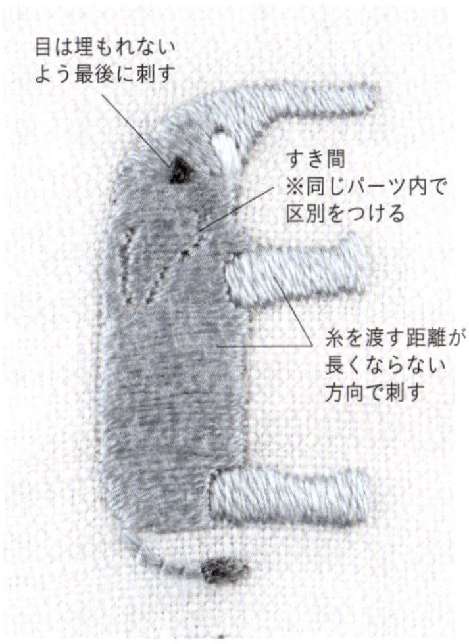
目は埋もれない
よう最後に刺す
すき間
※同じパーツ内で
区別をつける
糸を渡す距離が
長くならない
方向で刺す

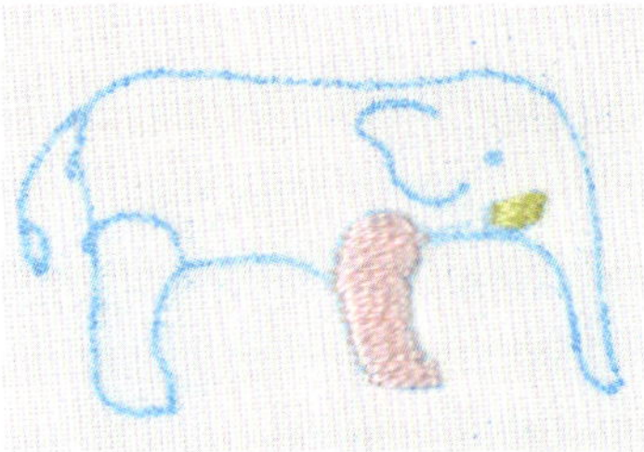

1　手前のパーツから刺繍するため、手足と牙をサテンSする。

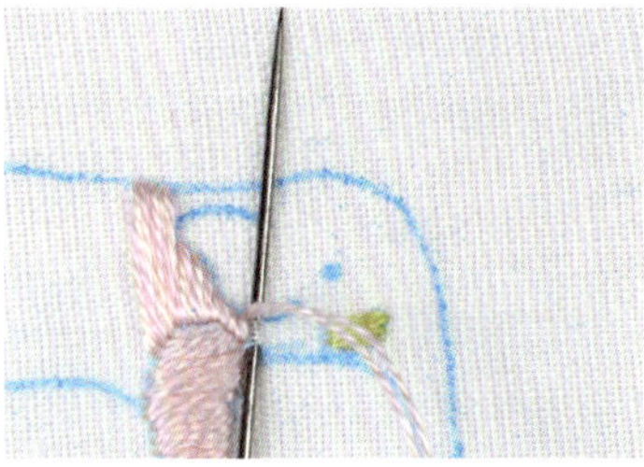

2　銅体を刺す。胴体と同じパーツの耳はすき間をあけるため、よけて刺す。

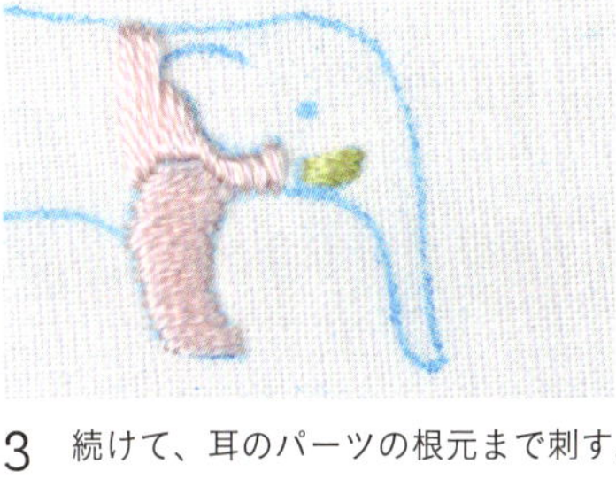

3　続けて、耳のパーツの根元まで刺す。

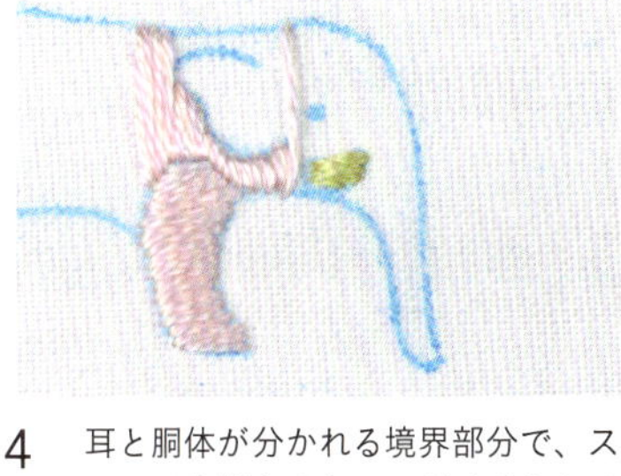

4　耳と胴体が分かれる境界部分で、ステッチを揃えるためのガイドとなる糸を渡す。

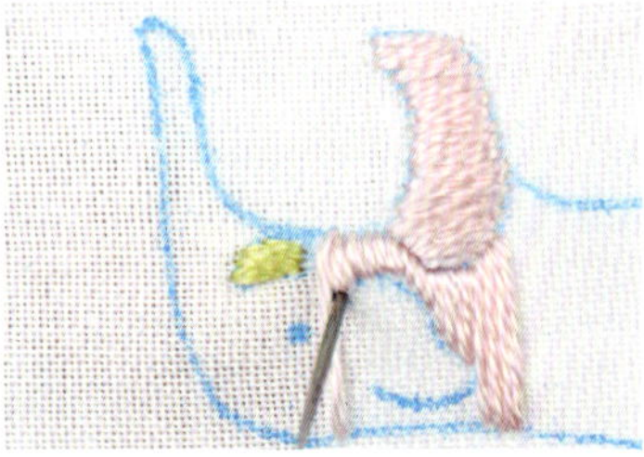

5　ガイドを境に、耳を刺す。胴体のステッチのすぐ隣から針を出して(すき間)刺し始める。

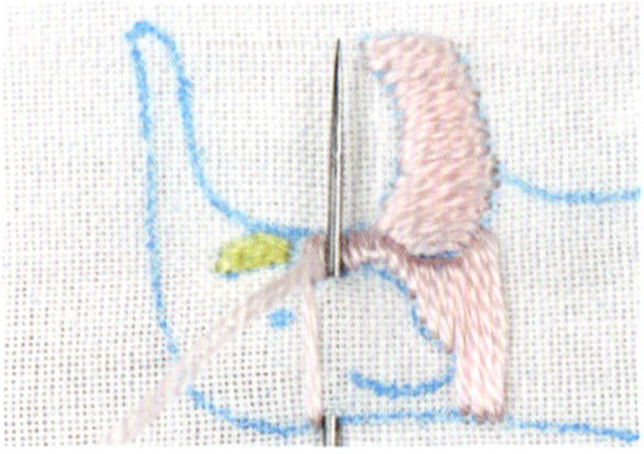

6　上部の耳の境界まで、胴体と耳を一緒に刺し、境界からは耳だけを刺す。

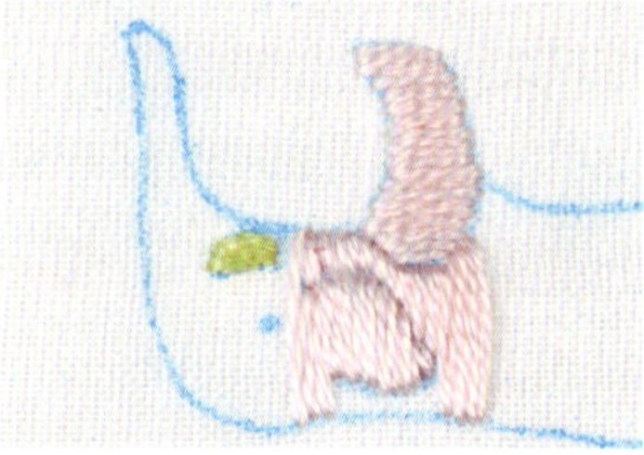

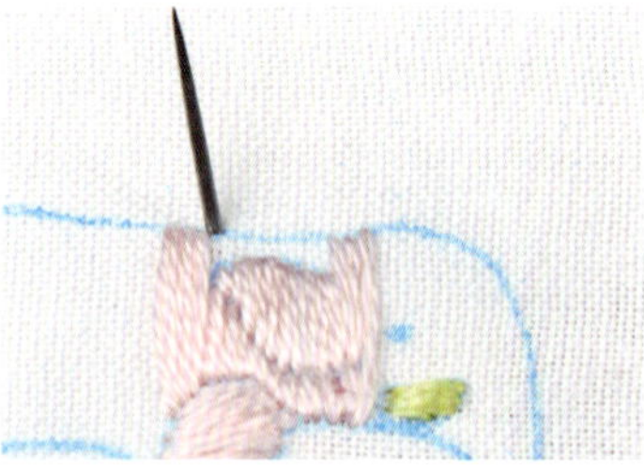

7　続けて、残した胴体上部に針を出し、刺し始める。

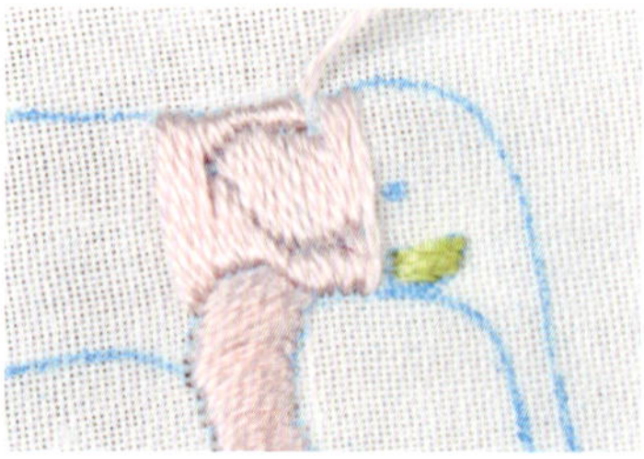

8　耳のステッチのすぐ隣に針を入れるようにして(すき間)、胴体上部を刺していく。

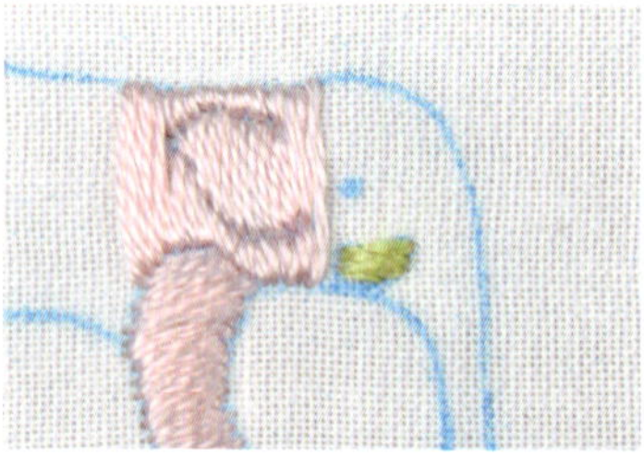

9　胴体上部のあいたスペースを刺し終えたところ。すき間によって耳のラインが浮かび上がる。

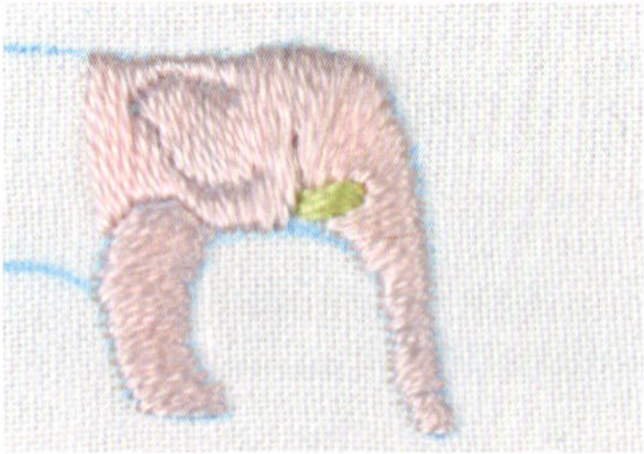

10　ガイドの糸から鼻先まで刺し、胴体のサテンSの完成。目の部分は、場所がわかるようにあけておく。

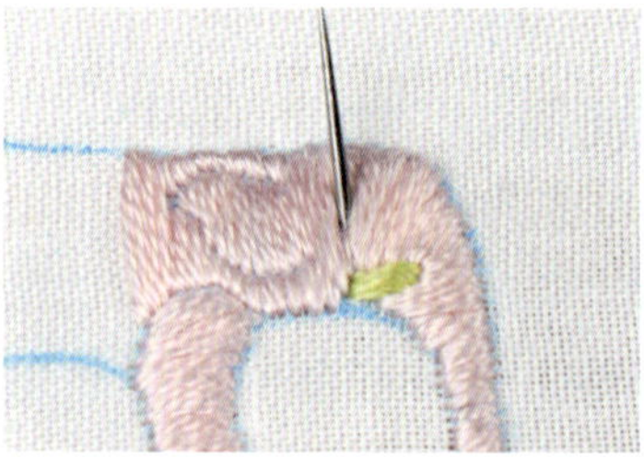

11　目をフレンチノットSで刺す。あいた位置から針を出す。

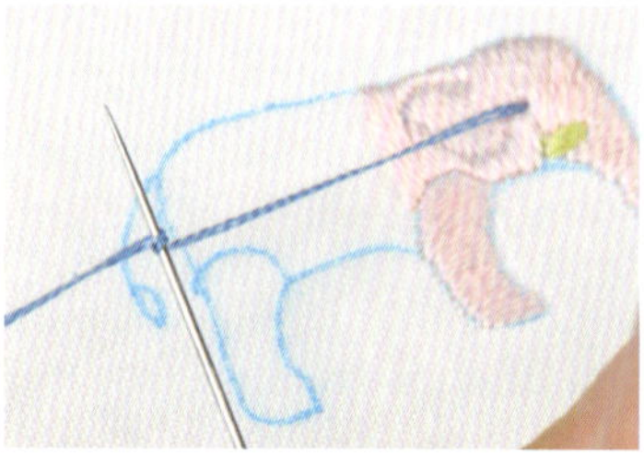

12　針に必要な回数分(写真は1回巻)、糸を巻く。

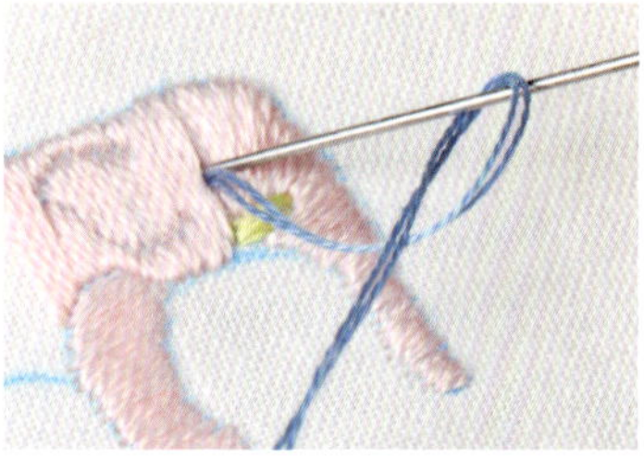

13　糸を巻いた状態で、針を糸の上でスライドさせて目の位置に刺す。

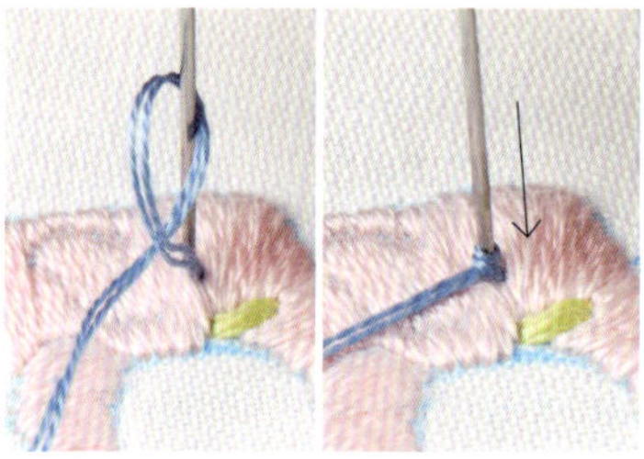

14　針を垂直に立て、糸を引いて下に移動させる。このまま針を裏側に出す。フレンチノットSの完成。

Point

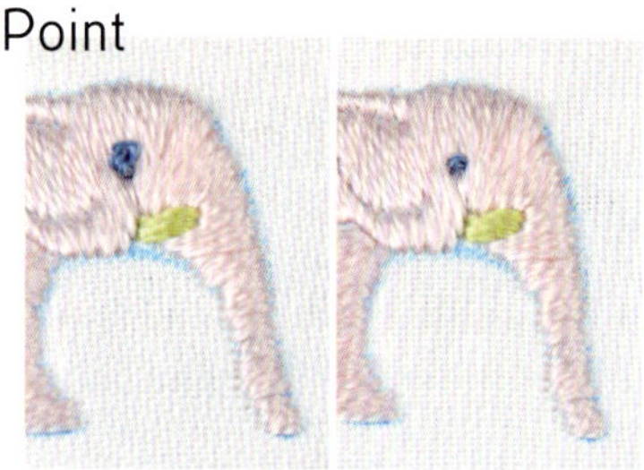

糸の引き加減で、フレンチノットSの大きさが変わります。強く引くと、糸が締まって小さくなります(右側)。好みで加減しましょう。

◎ ロング＆ショート ステッチ

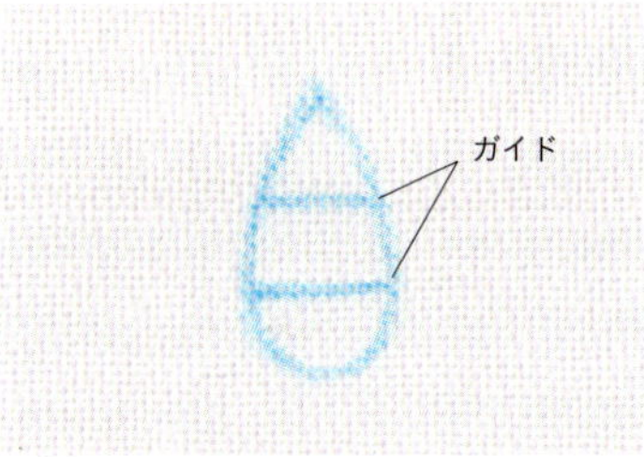

1　ステッチが段状になるため、図案線にガイド線を引く。

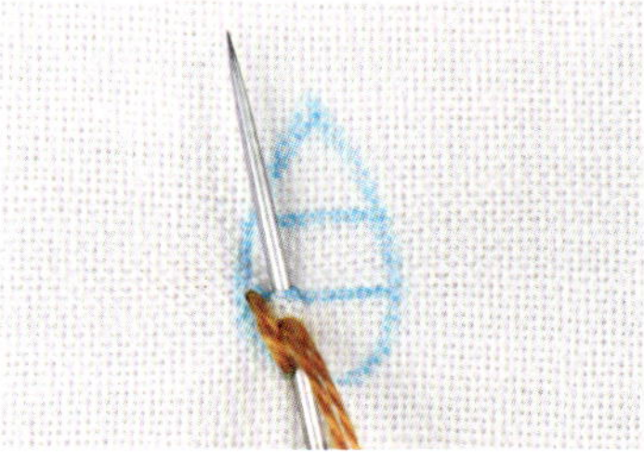

2　1段めを刺す。サテンSの要領で刺し始め、ステッチの長さを長短交互にする。

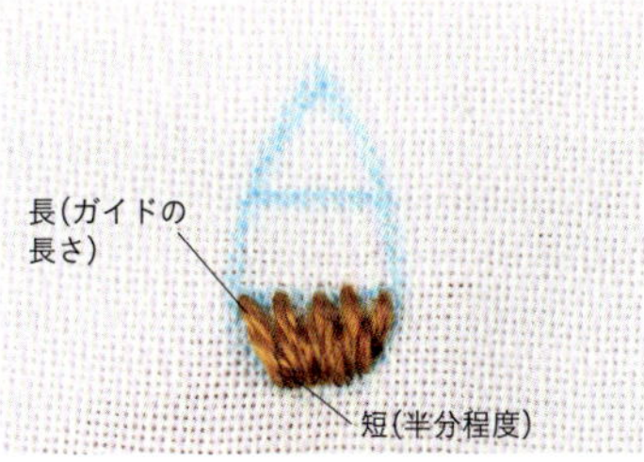

3　1段めを刺し終えたところ。長短のステッチが交互になっている。

4　続けて、2段めを刺す。長いステッチで刺し始め、針を入れるときは、1段めの糸を割って馴染みやすくする。長短交互に刺して完成。

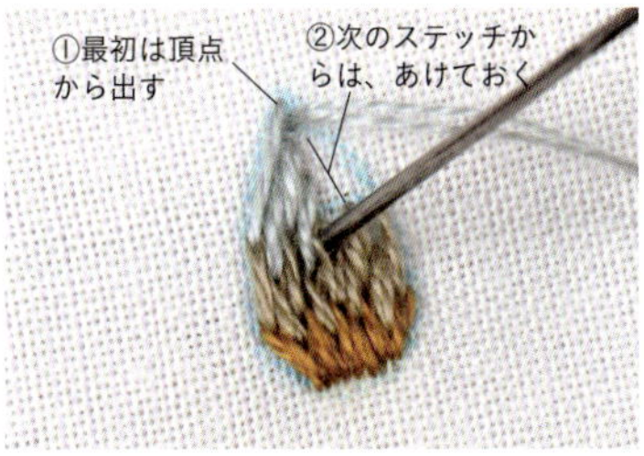

5　3段めを刺す。1、2段めと同様にしつつ、写真のように先が細い場合は、放射状に刺し、糸が密集する頂点はあけておく。

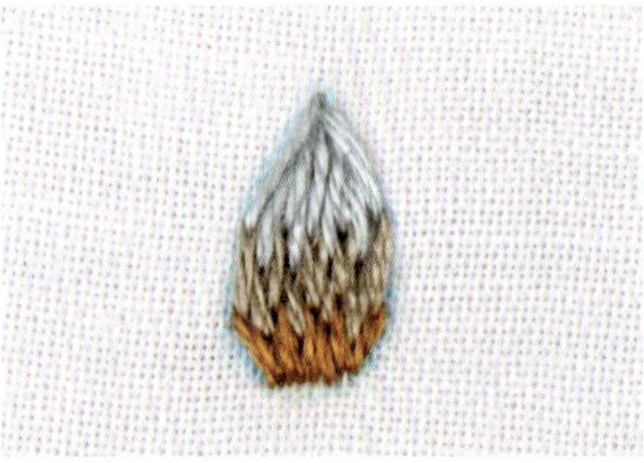

6　端まで刺したところ。最後のステッチは頂点のすぐ下から針を出す。頂点をよけて刺すことで、先がきれいに尖る。

幅が狭い場合は、斜め方向で刺し埋めます。
p.12—針仕事「K」

すき間によって、糸が同じでもパーツが目立ちます。
p.16—春「D」

放射状に刺せば丸まった姿に。
p.28—冬「Q」

2色で刺して、ざくざくとした針山を表現。
p.38—ペット「O」

ボリュームあるタテガミを表現。
p.36—アニマル「L」

途中で糸を替えても、長短のステッチによって自然に。
p.56—未確認生物「Z」

◎ 表情の作り方

黒目と白目

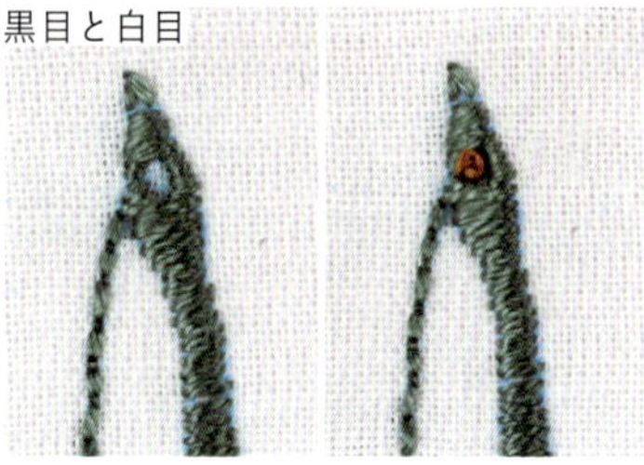

1　あけておいた目の中心に、フレンチノットSで黒目を作る(▶72ページ)。

2　白目をオープンレゼーデージーS(▶70ページ)で刺す。スペースがないため、糸を引ききる前に中心から針を出す。

3　糸を引き、糸のすぐ上に針を入れてとめる。

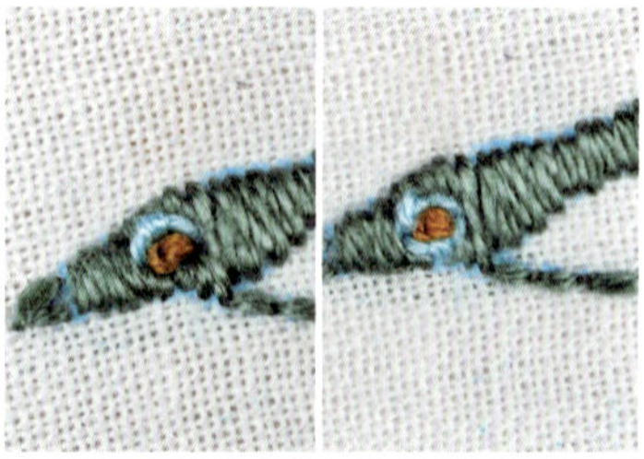

4　白目の片側が完成。反対側も同様にして、ぐるりと囲む。※目に動きをつける場合は、片側だけに刺します。

鼻

1　横顔の場合、鼻を作るのがポイントのため、図案よりやや外側から針を出し、鼻を目立たせる。

2　目の部分をあけて、残りを刺す。鼻が目立つことで、顔らしくなる。

白目を片側にすると、目に動きが出ます。
p.36－アニマル「B」

ペンギンや魚はくりっとした目がチャームポイント。
p.46－魚「g」

西洋の人物は鼻を目立たせて。
p.24－メルヘン「D」

◎ リボン刺しゅう

ステッチの刺し方は同じですが、刺し始めと終わりのコツを紹介します。

刺し始め

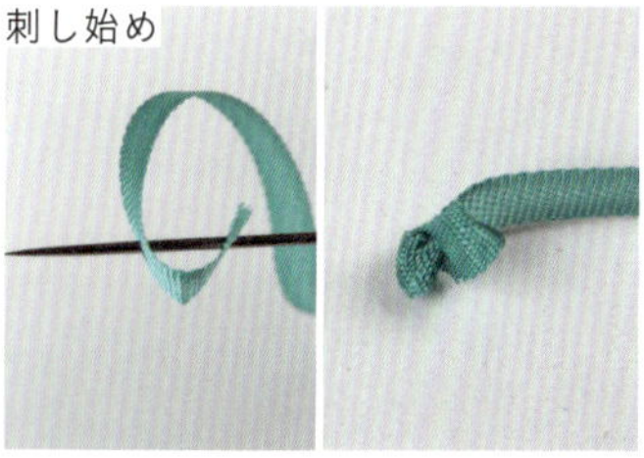

針に通したリボンの端を写真のように刺し通し、結び目を作る。

刺し終わり

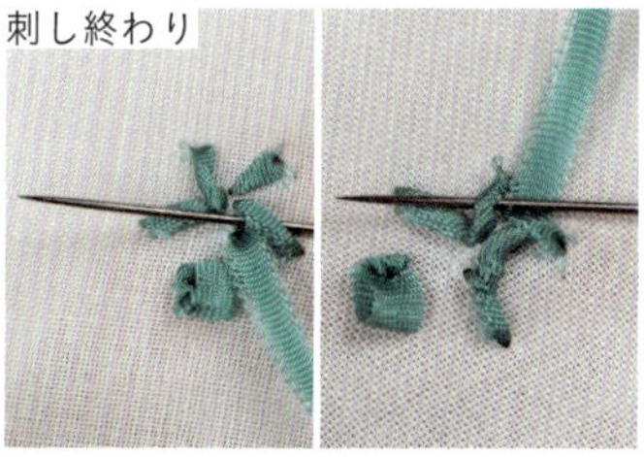

布の裏の渡ったリボンに針をくぐらせ、針のリボンに刺し通す。数回くぐらせて余分をカット。

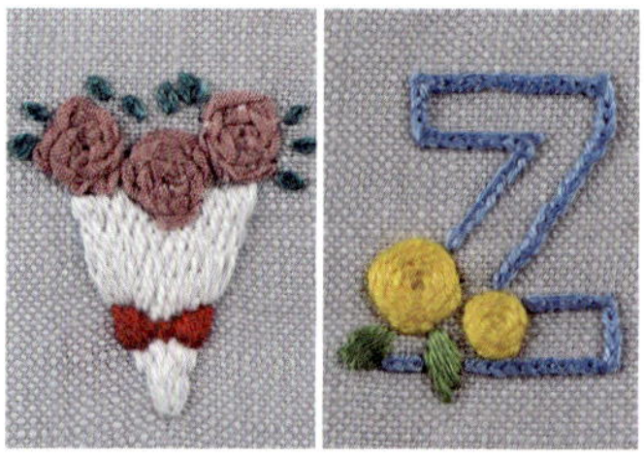

リボン刺しゅうで刺すと(左)、25番刺繍糸で刺した場合(右)に比べ、ボリュームや華やぎが出ます。

モチーフの索引

76

ドー(p.62-H)、ドーバーデーモン(p.56-X)、朱鷺(p.44-L)、トサノイデス・アフロディテ(p.46-Y)、登山(p.22-Z)、トナカイ(p.30-K,S)、トビウオ(p.20-F)、トムテ(p.30-X)、鳥(p.16-S, p.18-C,D,Q,V, p.22-M, p.24-C,L, p.28-C, p.38-H,L, p.44-all, p.54-D)、トリケラトプス(p.62-K)、鳥の巣(p.60-?)、どんぐり(p.22-!,?, p.36-?)

（な）
ナイチンゲールとばらの花(p.24-C)、長靴をはいた猫(p.24-A)、流れ星(p.28-J, p.54-G)、ナズナ(p.16-V)、ナマケモノ(p.36-S, p.60-V)、波(p.20-M,S, p.24-G)

（に）
ニシキアナゴ(p.46-C)、ニタリ(p.46-N)、ニャンモック(p.38-M)、ニワトリ(p.44-N, 62-R)、人魚(p.20-X, p.56-V)、人魚姫(p.24-G)、人間／人物(p.12-H, p.20-T, p.22-Z, p.24-D,E,H,J,K,N,R,U,W,Y,Z, p.28-L,X,Z, p.54-C,H,M,S,Z, p.60-I, p.62-H)

（ぬ）
布(p.12-J)、布を切る(p.12-H)

（ね）
猫(p.24-A,F,S, p.28-Q, p.38-M, p.48-all, p.54-Q, p.60-O, p.62-N)、ネザーランドドワーフ(p.38-X)、ネズミ(p.24-A,S, p.38-C,U, p.62-N,P)、ネズミイルカ(p.62-F)、ネッシー(p.56-O)

（の）
ノスリ(p.44-M)

（は）
歯(p.62-!,?)、ハイイロアザラシ(p.62-F)、ハイイロガン(p.44-Z)、ハイエナ(p.62-C)灰かぶり(p.24-U)、ハグ(p.54-Q,Z)、白鳥(p.16-D,P,X, p.24-?, p.44-Q, p.60-Z)、ハクトウワシ(p.62-Y)、蓮(p.18-P)、ハサミ(p.12-A,H,X)、ハシゴ(p.30-H)、バショウカジキ(p.46-B)、パスタ(p.54-N)、蜂(p.18-U, p.62-U)、ハタタテハゼ(p.46-H)、ハタネズミ(p.62-P)、ハチドリ(p.44-H, p.62-X)、ハト(p.44-U)、花かんむり(p.16-K, N,Y)、花束(p.30-V, p.54-I, V)、羽根(p.44-!)、バビルサ(p.36-B)、歯ブラシ(p.54-X)、ハムスター(p.38-Q)、バラ(p.16-U, p.18-Z, p.24-C)、針(p.12-D,G,L,N,Q,S,T,!)、ハリネズミ(p.12-D, p.38-O)、パンジー(p.18-X)、パンダ(p.40-all)

（ひ）
ビーズ(p.12-U)、柊(p.30-Y,!,)、ビキニ(p.20-T)、ビッグフット(p.56-F)、ヒツジ(p.

60-F, p.62-M)、ヒトデ(p.20-G,!,?)、比内鶏(p.44-N)、ヒメアリクイ(p.62-J)、氷山(p.28-M)、ヒョウモントカゲ(p.38-J)、ピンクッション(p.12-D,Q)

（ふ）
風船(p.16-G)、フェアリー(p.56-P)、フェネック(p.38-Y)、フエヤッコダイ(p.46-F)、フェレット(p.38-I)、ふくろう(p.22-H, p.44-O, p.62-G)、フクロネコ(p.36-Q)、フクロモモンガ(p.38-R)、ブタ(p.38-A, p.60-D)、フック島の怪物(p.56-J)、ぶどう(p.18-M, p.22-J,U, p.24-T)、藤の花(p.18-E)、冬枯れ(p.28-F)、冬支度(p.28-C)、フライングヒューマノイド(p.56-S)、フラミンゴ(p.20-A, p.44-G)、ブルーベリー(p.18-V)、ブレーメンの町楽士(p.24-F)、プレゼント(p.30-?, p.54-R)、文鳥(p.38-H)

（へ）
ベタ(p.38-W)、蛇(p.18-T, p.24-O, p.38-V, p.62-W)、ベッド(p.54-H)、ヘラジカ(p.36-M)、ペンギン(p.36-Y, p.41-all, p.44-T, p.60-H, p.62-E)

（ほ）
ポインセチア(p.30-V)、ホオジロザメ(p.62-Q)、星(p.16-Q, p.28-J, p.30-G,U, p.54-G)、星の銀貨(p.24-J)、ホタテガイ(p.20-D)、ボタン(p.12-W)、ポニー(p.60-L)、哺乳瓶(p.60-!)、ポリプテルス(p.46-P)、ホレおばさん(p.24-E)

（ま）
松(p.18-O, p.28-?)、松ぼっくり(p.28-E)、まちばり(p.12-D,Q,!)、マッチ売りの少女(p.24- !)、マフラー(p.28-W)、マンドラゴラ(p.56-Y)、マンボウ(p.20-B, p.46-Q)

（み）
ミーアキャット(p.62-L)、三日月(p.16-Q, p.22-?)、水着(p.20-T)、三つ編み(p.24-I)、緑色の上着の悪魔(p.24-X)、ミナミハコフグ(p.46-M)、みにくいアヒルの子(p.24-?)、ミニブタ(p.38-A)、ミモザ(p.16-F)、ミユビナマケモノ(p.60-V)

（む）
ムササビ(p.22-D, p.36-F)、虫(p.62-I,X)

（め）
メガネザル(p.36-T)、メジャー(p.12-C)、メンダコ(p.20-P)

（も）
モーターボート(p.20-V)、もぐら(p.16-A, Z)、モケーレ・ムベンベ(p.56-D)、モズ(p.44

-V)、モスマン(p.56-M)、モモイロインコ(p.44-P)、モモイロペリカン(p.44-X)、モリフクロウ(p.44-O)、モルモット(p.38-P)、モンゴリアンデスワーム(p.56-?)

（や）
ヤギ(p.24-P, p.38-E)、山(p.28-M)

（ゆ）
UFO(p.56-T, p.62-O)、UMA(p.56-all)、ユールボック(p.30-E)、雪(p.28-A,O)、雪うさぎ(p.28-B)、雪だるま(p.28-D, p.30-B)、指輪(p.54-B)、指輪型ピンクッション(p.12-N)、茹で栗(p.22-P)

（よ）
夜空(p.16-Q)、ヨット(p.20-M)

（ら）
ライオン(p.36-L, p.60-E, p.62-A)、ラッコ(p.20-C, p.60-U, p.62-Q)、ラブバード(p.22-M, p.44-B, p.54-D)、ラブレター(p.54-F)、ラナンキュラス(p.16-I)、ラズベリー(p.18-D)、ラプンツェル(p.24-I)

（り）
リクガメ(p.38-B)、リス(p.22-B,J,R,T, p.36-C, p.38-S, p.54-L, p.60-W, p.62-W)、リボン(p.12-F,K, p.16-C,E,I,M,U,W,!,?)、リッパー(p.12-Y)、リュウグウノツカイ(p.20-H)、リンゴ(p.18-U, p.22-Q)

（る）
ルピナス(p.16-J)、ルレット(p.12-Z)

（れ）
レース(p.12-R)

（ろ）
ロッズ(p.56-!)、ロブスター(p.20-Y)、ローストターキー(p.30-R)

（わ）
ワオキツネザル(p.60-K)、勿忘草(p.18-!)、ワニ(p.38-Z, p.60-X, p.62-V)

how to make

刺繍の実物大図案と作り方

・刺繍糸はすべてDMCの25番刺繍糸を使用しています。
・SはステッチBLは色番号でBLANC(白)の略です。
・図中の数字で単位がないものは、すべてcm(センチメートル)です。
・Lは、リネンバード ハバーダッシェリー(p.116)の商品です。

表記の見方

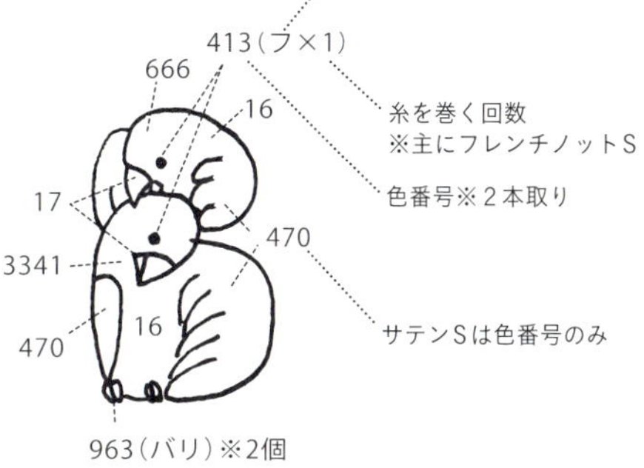

ステッチ名と頭文字の一覧 ※五十音順

サテンSは、ステッチ名の表記なし、それ以外は以下のように表記しています。

ア … アウトラインS
ウ … ウィップドチェーンS
オ … オープンレゼーデージーS
コ … コーチングS
サ … サテンS
ス … ストレートS
スパ…スパイダーズウェブローズS
チ … チェーンS
バ … バックS
バス … バスケットS
バリ … バリオンS
フ … フレンチノットS
フラ … フライS
ブ … ブランケットS
ラ … ランニングS
レ … レゼーデージーS
ロ … ロング＆ショートS

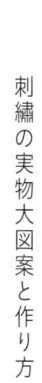

Stitch Sampler ステッチサンプラー p.8

すべて2本取りで刺し、サテンSは表記なし
丸数字は糸の本数

519（ア）

3828（フ×2）

30（バ）

316（チ）

745

502（ア）
502※斜め
502（ボタンホールS）

3771（スプリットS）
3771（フ×2）

3895（バ）
3895（ア）
3895（バ）→左隣に989（ア）

11（バス）

3882（ラ）

436（コーラルS）

891→25を巻きつけ（ペキニーズS）

743（ア）
743（アウトラインフィリングS ※アウトラインSで埋める）
3766（ア）
3766（ロ）

3807→BLを巻きつけ（ウィップドバックS）

3341（チェーンフィリングS ※チェーンSで埋める）
3341（ア）

993（クローズドフェザーS）
993（ア）

3831（ス）
3831（芯入りサテンS ※チェーンSで輪郭を刺し、上からサテンS）
3831（ア）

25（ノッテッドボタンホールS）
25（ア）

3882（シードS）
3882（バ）

334→782（ホルベインS）

963（ア）
963
963（ケーブルS）

966④→3836②でとめる（コ）

726（ダブルボタンホールS）
726（ア）

3727と17（チェッカードチェーンS）

597（ア）
597→03を通す（レースドランニングS）

3819（フィッシュボーンS）

353（ツィステッドチェーンS）

3819（ウーブンスパイダーズウェブS／スパイダーズウェブローズS）

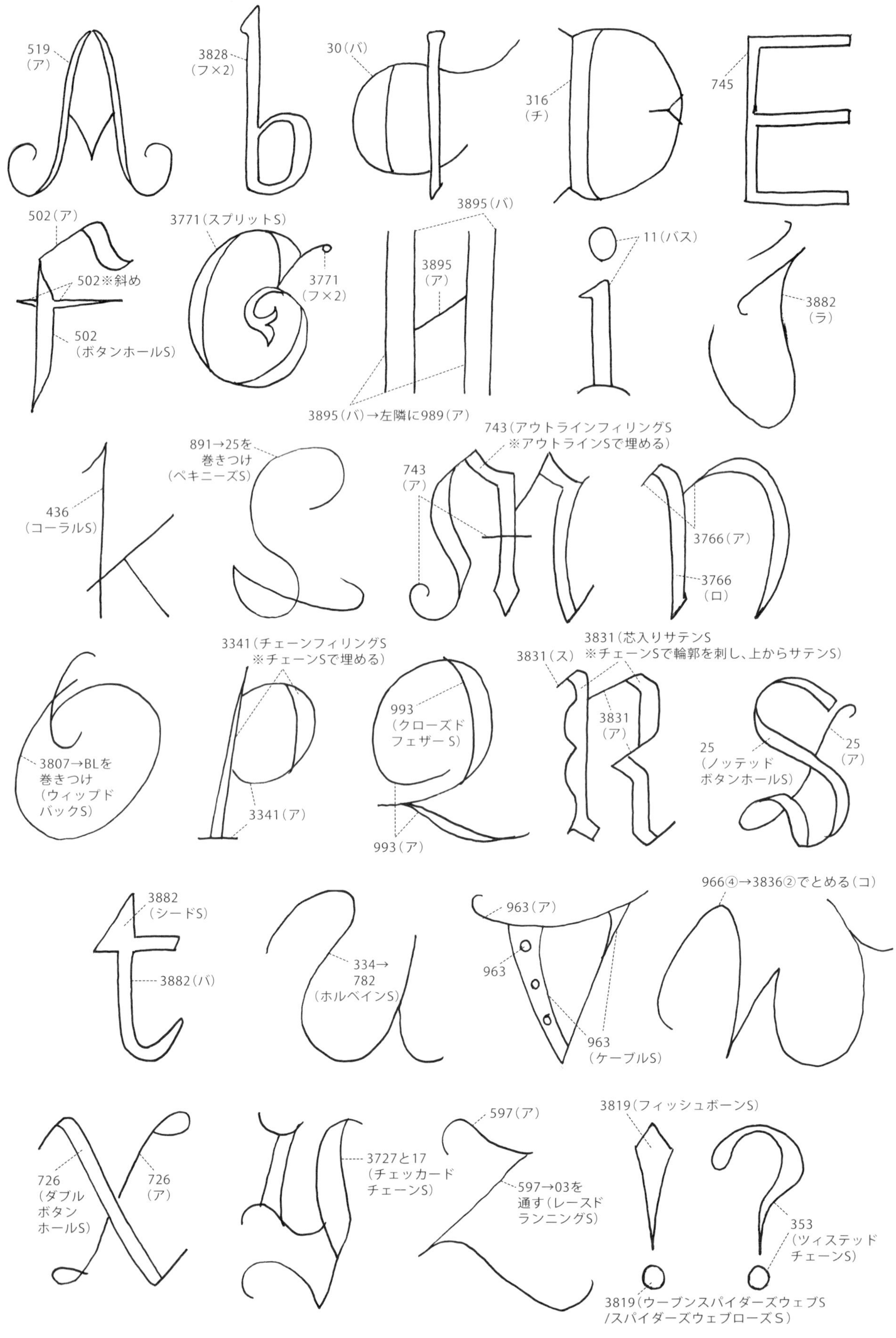

Capital Letter 大文字ー6つのステッチ p.10

それぞれa～lの12パターンの配色で刺す

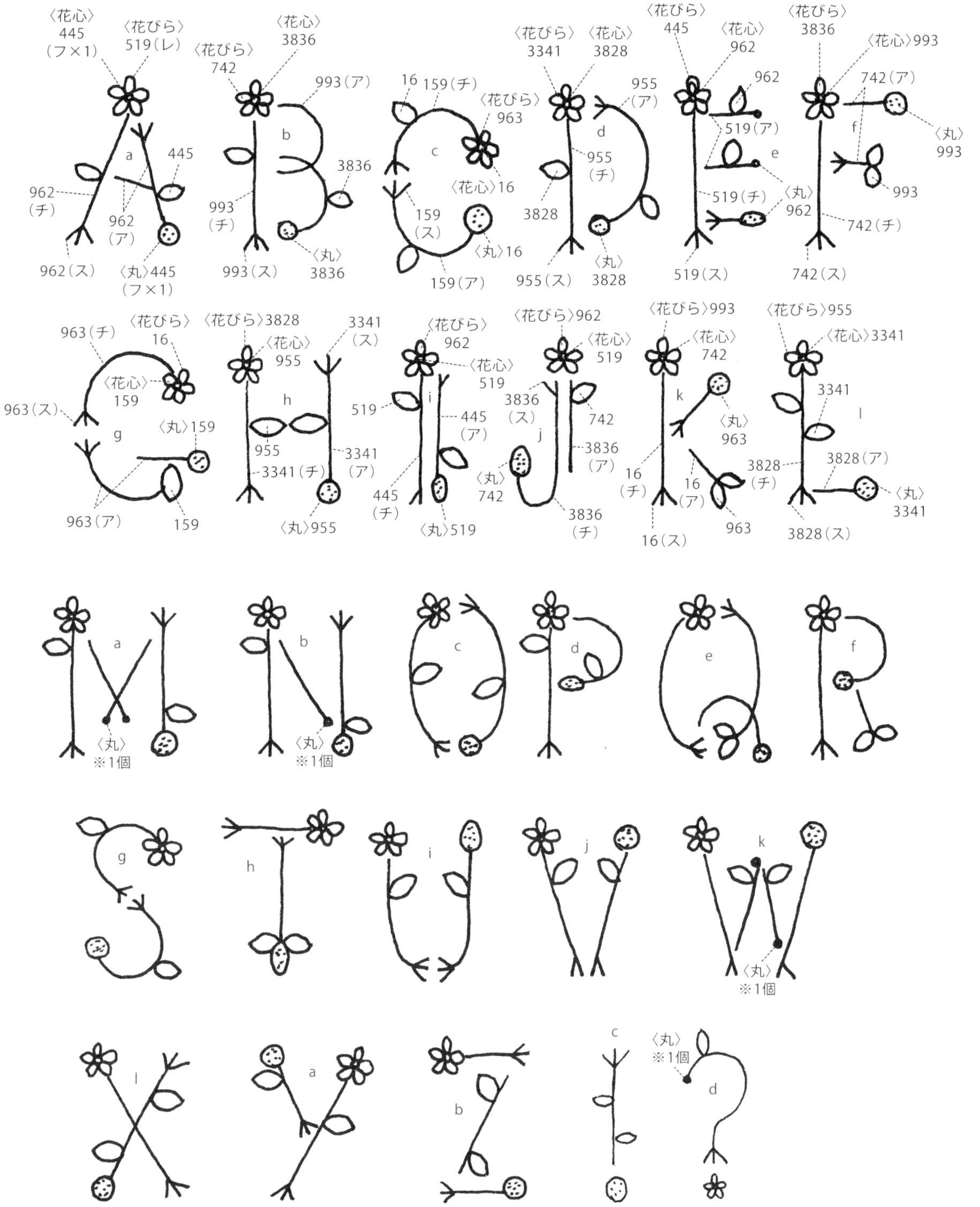

Small Letter 小文字ー○□△のデザイン p.11

すべて2本取りで刺し、サテンSは表記なし

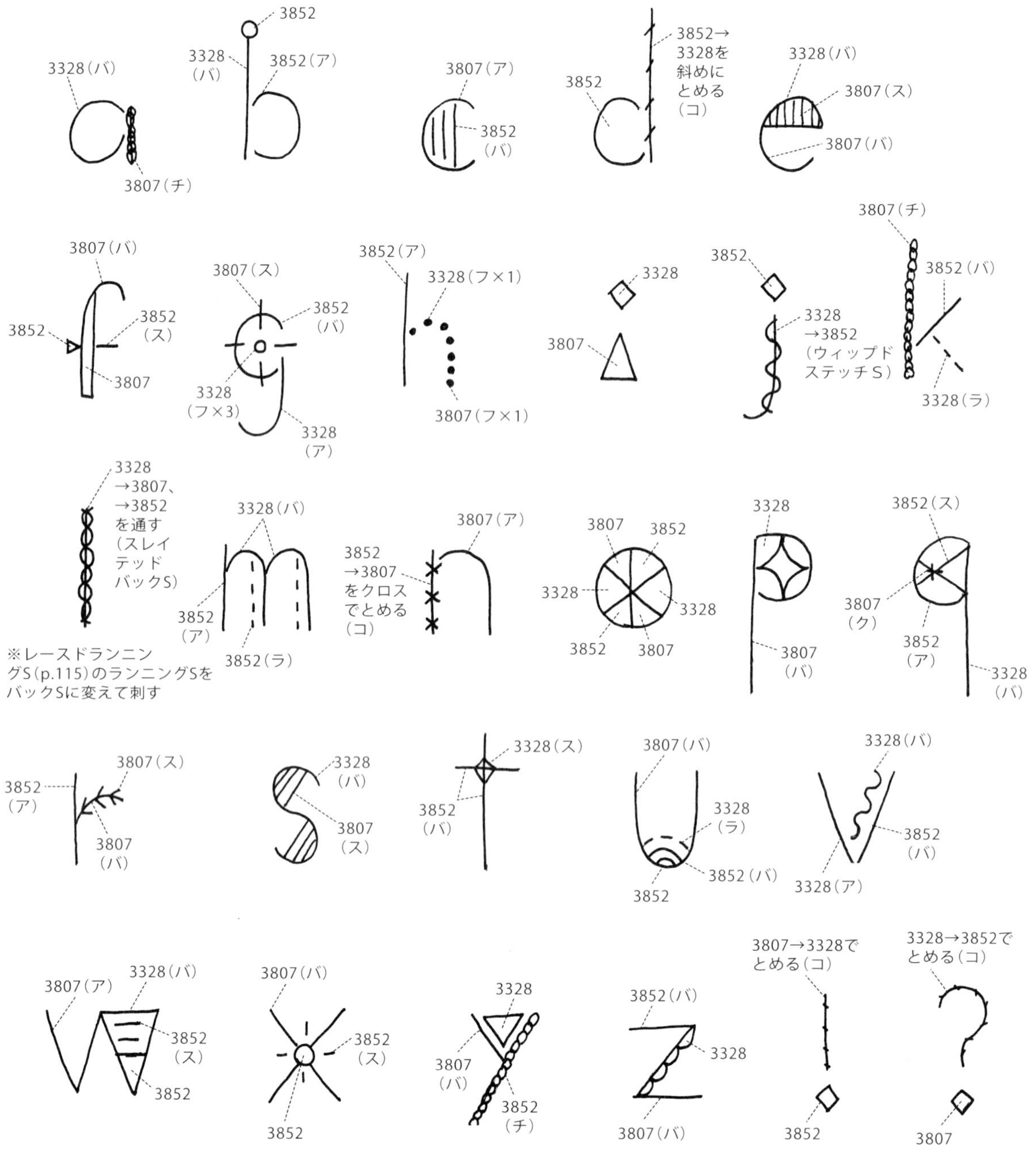

※レースドランニングS(p.115)のランニングSをバックSに変えて刺す

Needlework 針仕事 p.12

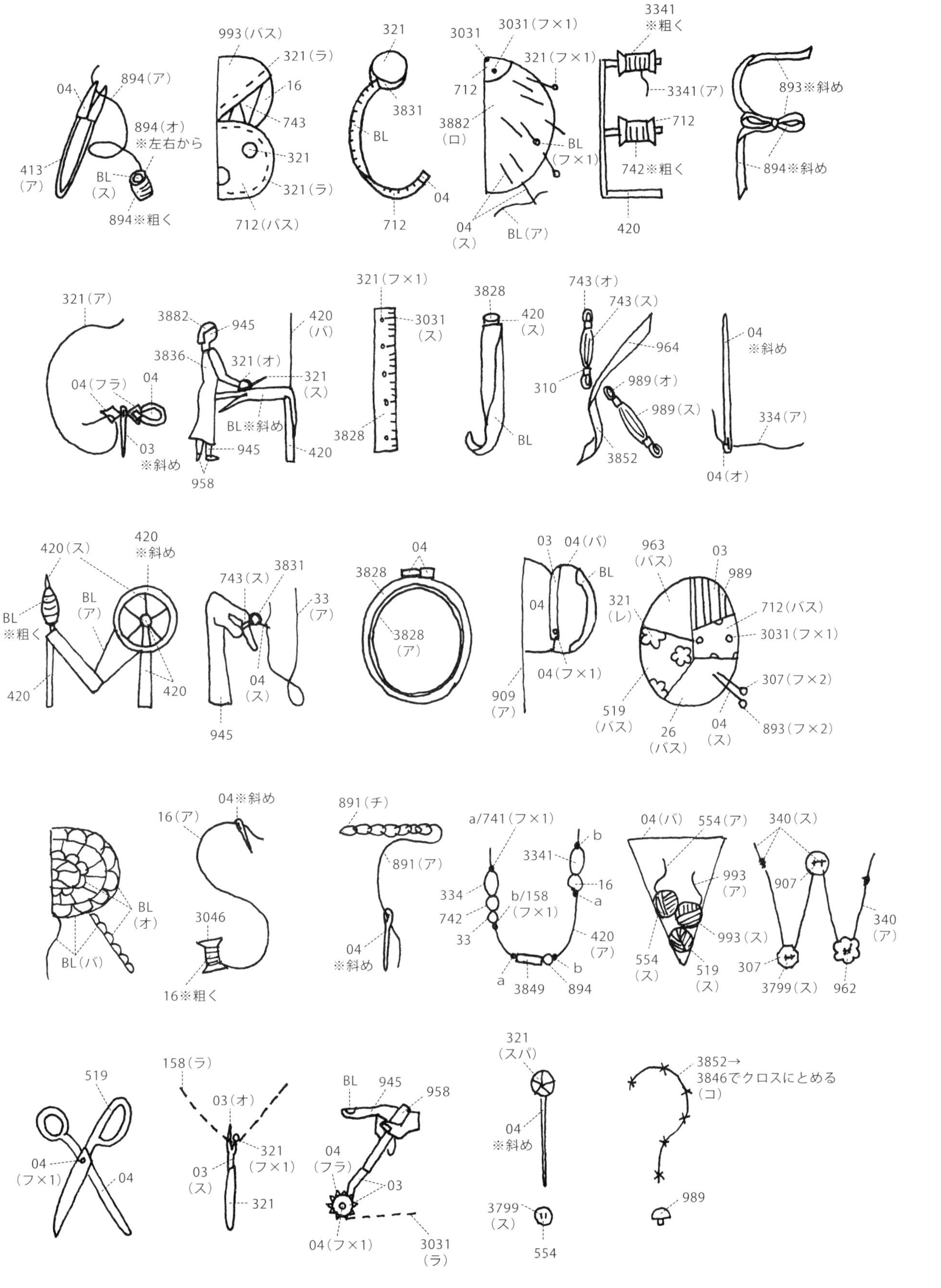

Spring 春 p.16

すべて2本取りで刺し、サテンSは表記なし
<目>はすべて、839(2本取り)をフレンチノットS(一回巻き)で刺す

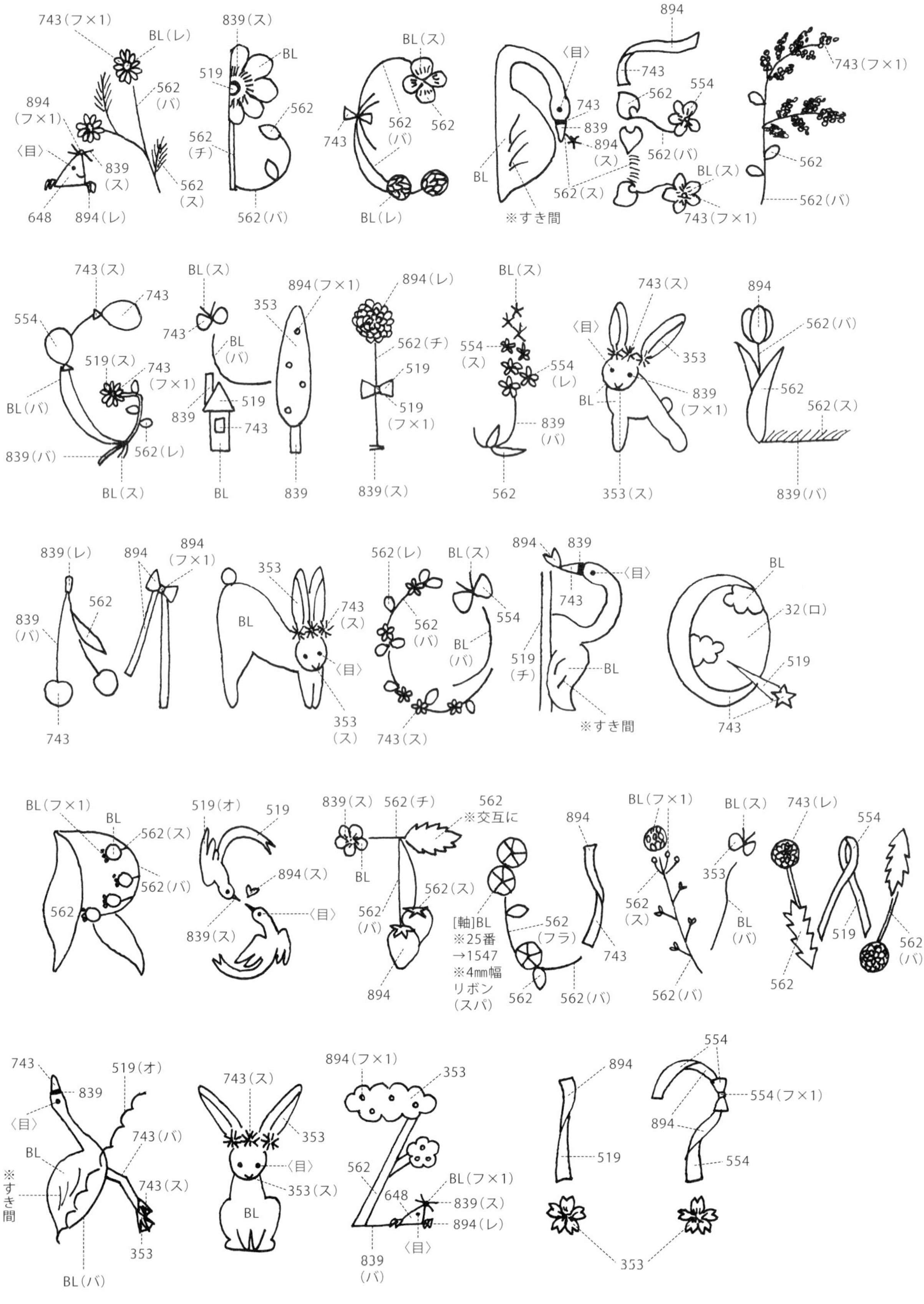

Botanical ボタニカル p.18

丸数字は糸の本数

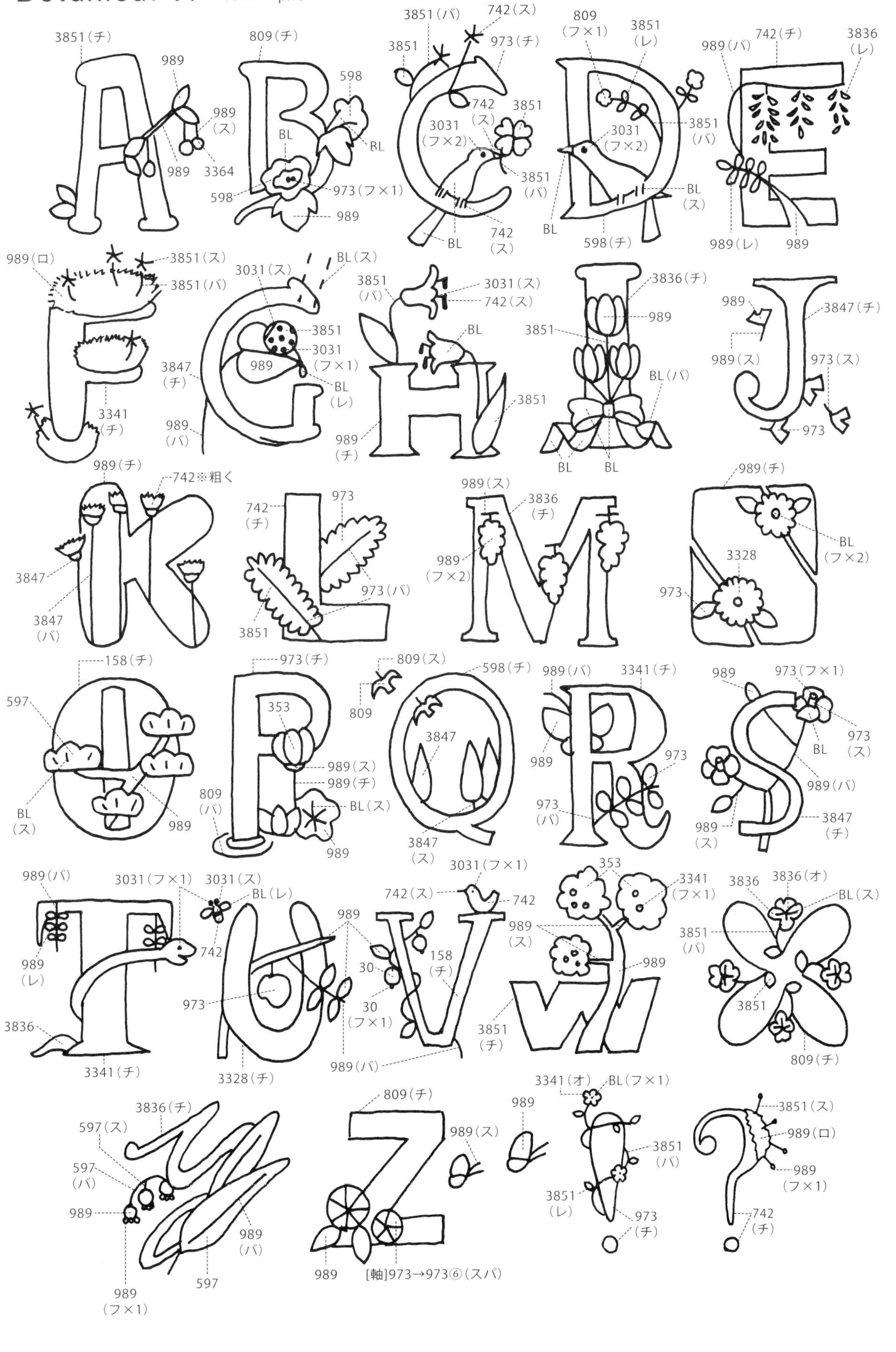

Summer 夏

p.20

すべて2本取りで刺し、サテンSは表記なし
<目・大>は414(2本取り)をフレンチノットS(2回巻)、
<目・小>は414 (1本取り)をフレンチノットS(1回巻)で刺す

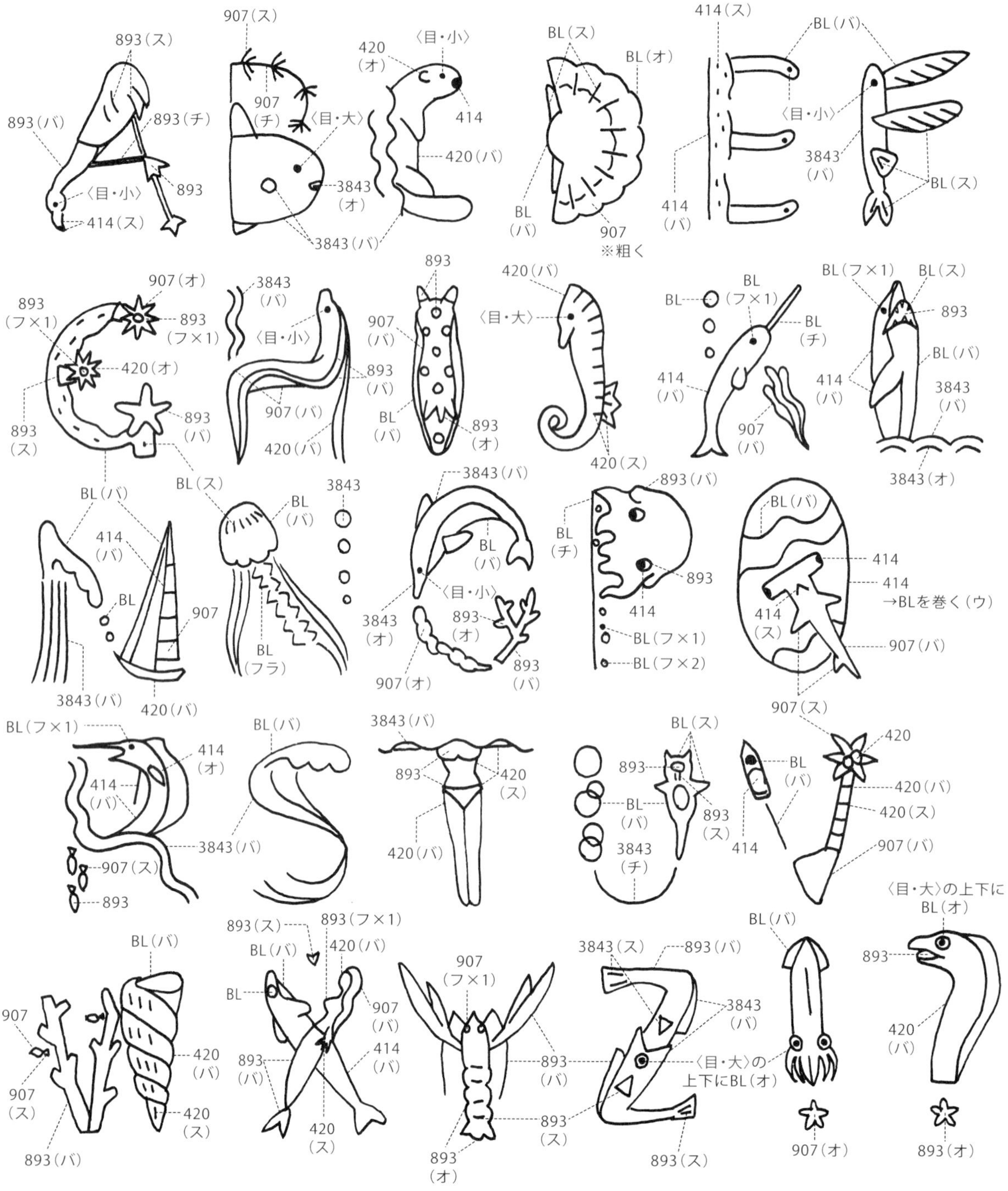

Autumn 秋 p.22

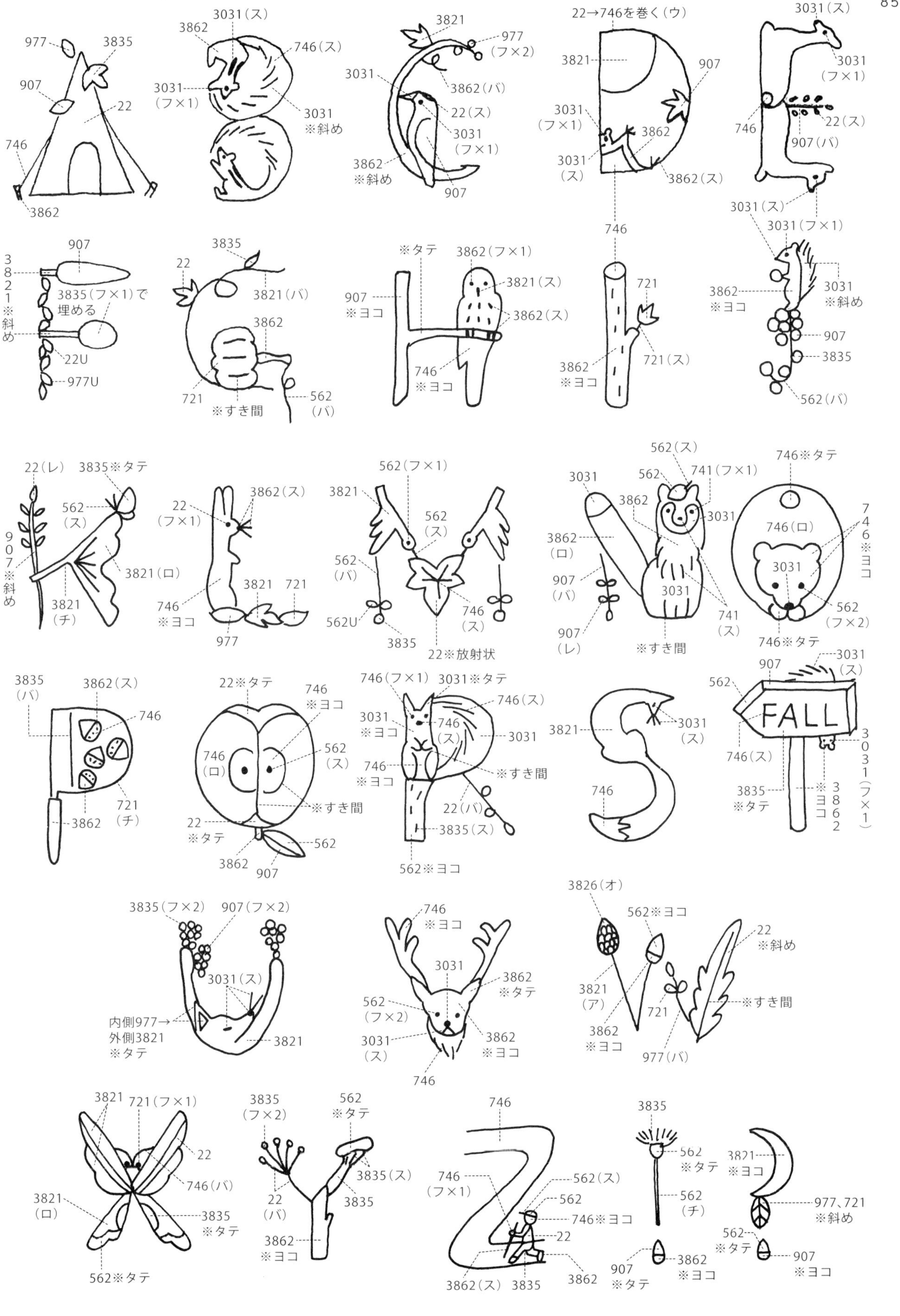
977
3835
907
22
746
3862
3031(ス)
3862
746(ス)
3031(フ×1)
3031 ※斜め
3821
977(フ×2)
3031
3862(バ)
22(ス)
3031(フ×1)
3862 ※斜め
907
22→746を巻く(ウ)
3821
907
3031(フ×1)
3862
3031(ス)
3862(ス)
746
3031(ス)
3031(フ×1)
746
22(ス)
907(バ)
3031(ス)
3031(フ×1)
907
3821※斜め
3835(フ×1)で埋める
22U
977U
3835
22
3821(バ)
3862
721
※すき間
562(バ)
※タテ
3862(フ×1)
907 ※ヨコ
3821(ス)
3862(ス)
746 ※ヨコ
721
721(ス)
3862 ※ヨコ
3862 ※ヨコ
3031 ※斜め
907
3835
562(バ)
22(レ)
3835※タテ
562(ス)
907※斜め
3821(ロ)
3821(チ)
3862(ス)
22(フ×1)
746 ※ヨコ
3821
721
977
562(フ×1)
3821
562(ス)
562(バ)
562U
3835
746(ス)
22※放射状
3031
3862(ロ)
907(バ)
907(レ)
562(ス)
562
741(フ×1)
3862
3031
3031
741(ス)
※すき間
746※タテ
746(ロ)
3031
746※ヨコ
562(フ×2)
746※タテ
3835(バ)
3862(ス)
746
721(チ)
3862
22※タテ
746 ※ヨコ
746(ロ)
562(ス)
※すき間
22 ※タテ
3862
907
562
746(フ×1)
3031※タテ
746(ス)
3031 ※ヨコ
746(ス)
3031
746 ※ヨコ
※すき間
22(バ)
3835(ス)
562※ヨコ
3821
3031(ス)
746
907
3031(ス)
562
FALL
746(ス)
3031(フ×1)
3835 ※タテ
※ヨコ 3862
3835(フ×2)
907(フ×2)
3031(ス)
内側977→
外側3821
※タテ
3821
746 ※ヨコ
3031
3862 ※タテ
562(フ×2)
3031(ス)
3862 ※ヨコ
746
3826(オ)
562※ヨコ
22 ※斜め
3821(ア)
721
※すき間
3862 ※ヨコ
977(バ)
3821
721(フ×1)
22
746(バ)
3821(ロ)
3835 ※タテ
562※タテ
3835(フ×2)
562 ※タテ
3835(ス)
22(バ)
3835
3862 ※ヨコ
746
746(フ×1)
562(ス)
562
746※ヨコ
22
3862(ス)
3835
3862
3835
562 ※タテ
562(チ)
907 ※タテ
3862 ※ヨコ
3821 ※ヨコ
977、721 ※斜め
562 ※タテ
907 ※ヨコ

Märchen メルヘン p.24

すべて2本取りで刺し、サテンSは表記なし
<肌>は945（2本取り）をサテンSで刺す

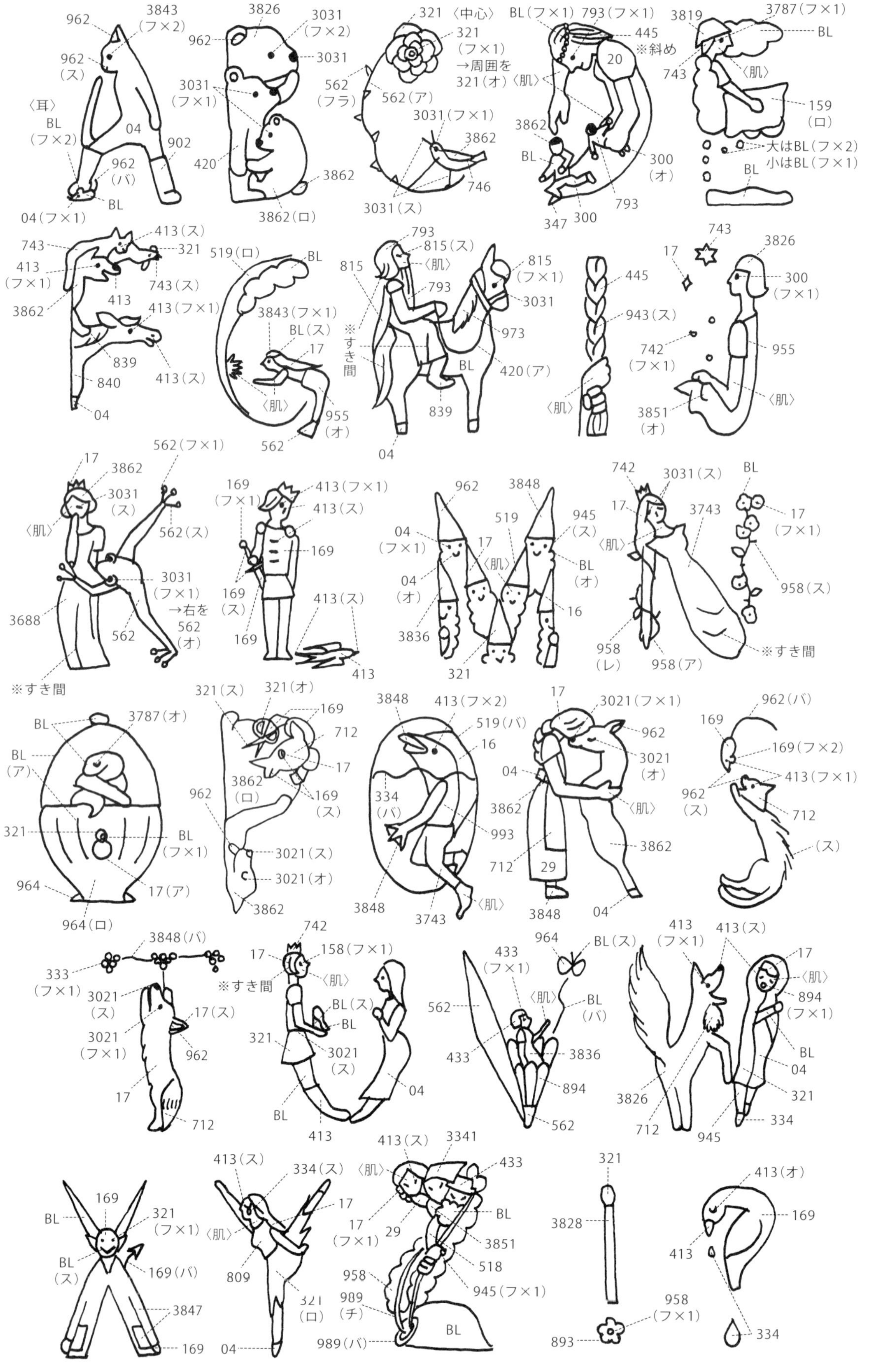

Winter 冬 p.28

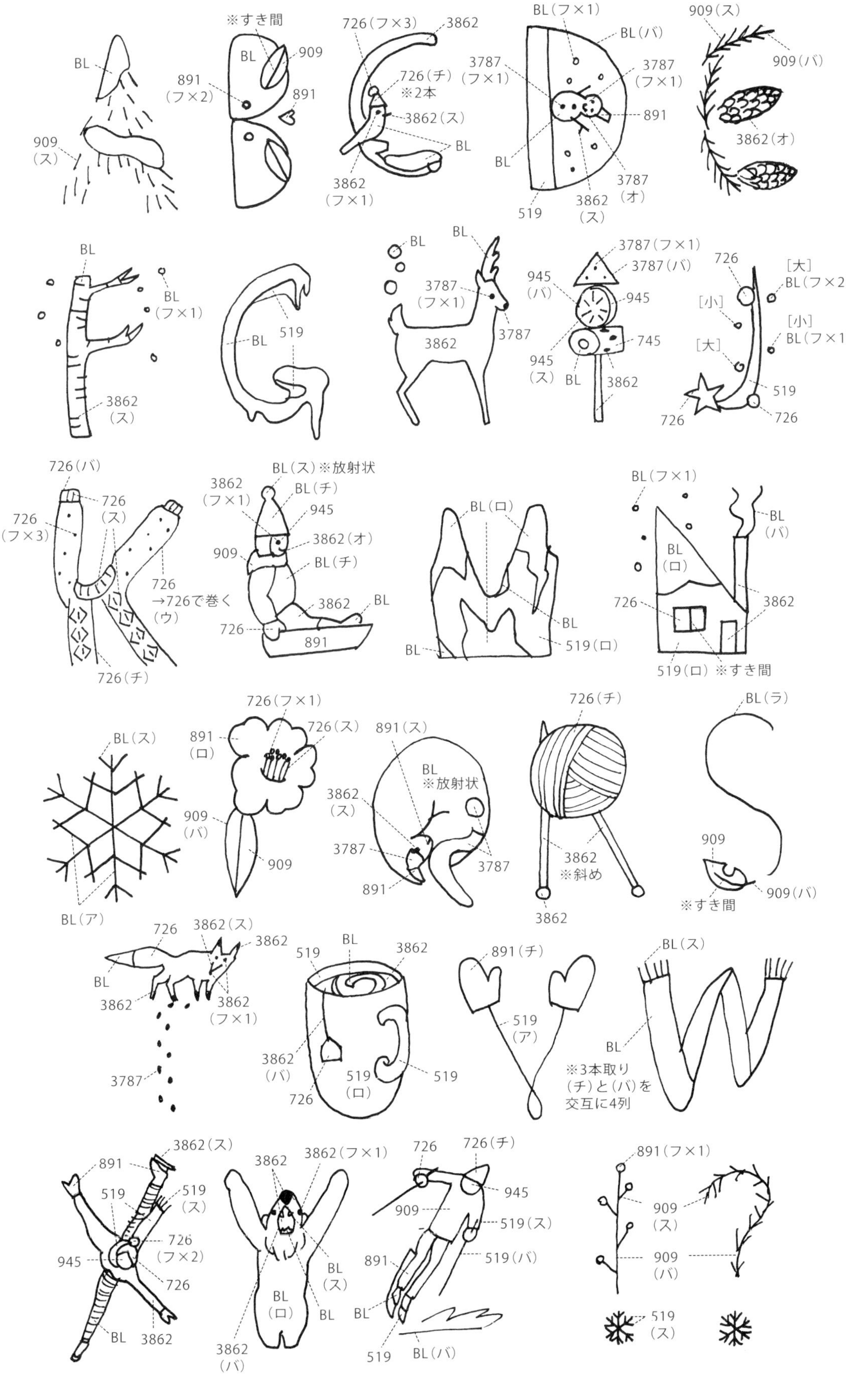
BL
909
(ス)
※すき間
BL
909
891
(フ×2)
891
726(フ×3)
3862
726(チ)
※2本
3862(ス)
BL
3862
(フ×1)
BL(フ×1)
BL(バ)
3787
(フ×1)
3787
(フ×1)
891
BL
519
3862
(ス)
3787
(オ)
909(ス)
909(バ)
3862(オ)
BL
BL
(フ×1)
3862
(ス)
BL
519
BL
BL
3787
(フ×1)
3862
3787
3787(フ×1)
3787(バ)
945
(バ)
945
745
945
(ス)
BL
3862
726
[大]
BL(フ×2)
[小]
[小]
BL(フ×1)
[大]
519
726
726
726(バ)
726
(ス)
726
(フ×3)
726
→726で巻く
(ウ)
726(チ)
BL(ス)※放射状
3862
(フ×1)
BL(チ)
945
3862(オ)
909
BL(チ)
3862
BL
726
891
BL(ロ)
BL
519(ロ)
BL
BL(フ×1)
BL
(バ)
BL
(ロ)
726
3862
519(ロ)
※すき間
BL(ス)
BL(ア)
726(フ×1)
891
(ロ)
726(ス)
909
(バ)
909
891(ス)
BL
※放射状
3862
(ス)
3787
3787
891
726(チ)
3862
※斜め
3862
BL(ラ)
909
※すき間
909(バ)
726
3862(ス)
3862
BL
3862
3862
(フ×1)
3787
519
BL
3862
3862
(バ)
519
(ロ)
726
519
891(チ)
519
(ア)
※3本取り
(チ)と(バ)を
交互に4列
BL(ス)
BL
3862(ス)
891
519
519
(ス)
726
(フ×2)
945
726
BL
3862
3862
3862(フ×1)
BL
(ス)
BL
(ロ)
BL
3862
(バ)
726
726(チ)
945
909
519(ス)
891
519(バ)
BL
519
BL(バ)
891(フ×1)
909
(ス)
909
(バ)
519
(ス)

Christmas クリスマス p.30

すべて2本取りで刺し、サテンSは表記なし

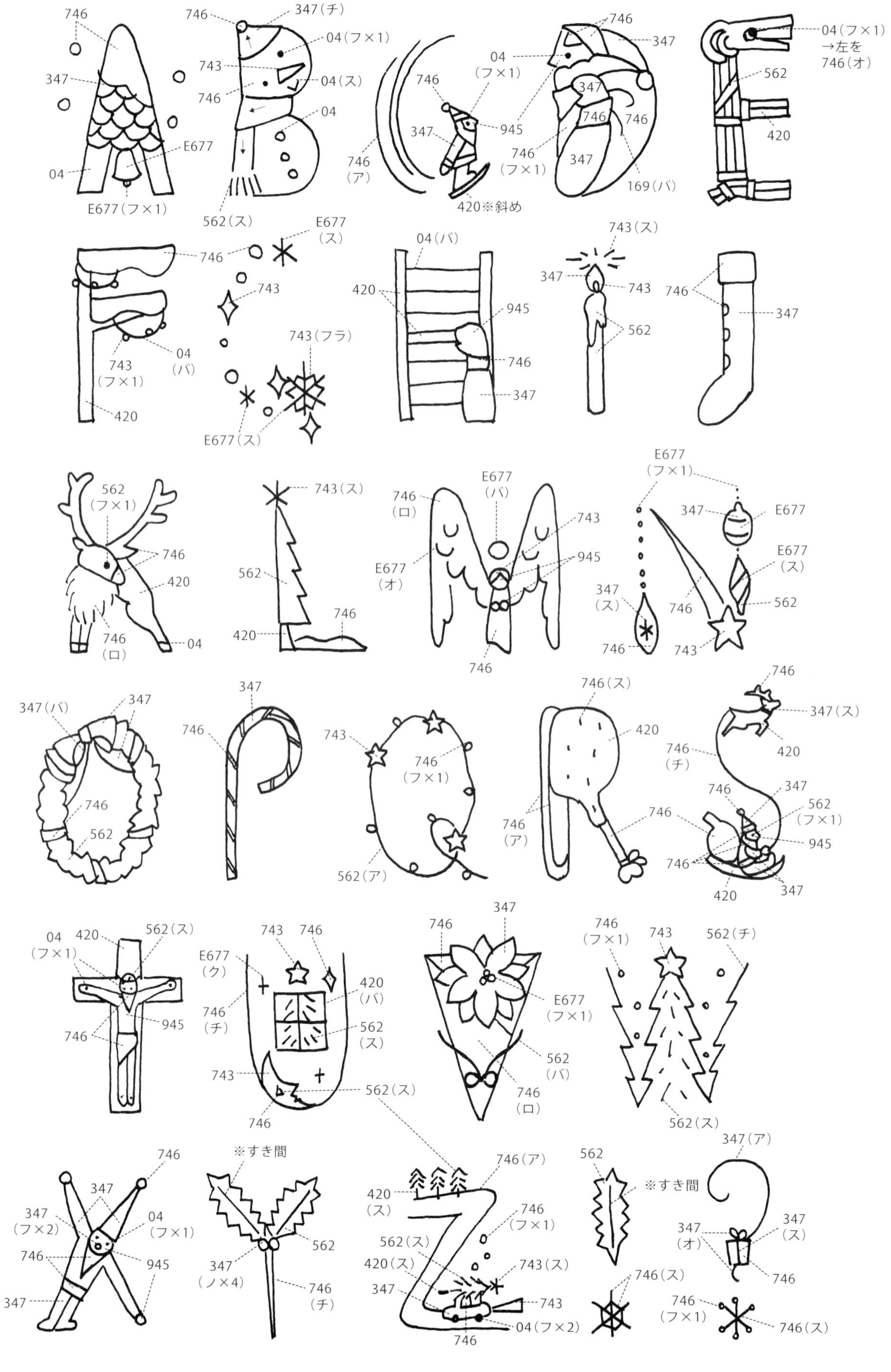

Wild Animals アニマル p.36

p.36

<目>はすべて、413（2本取り）をフレンチノットS（1回巻）で刺す

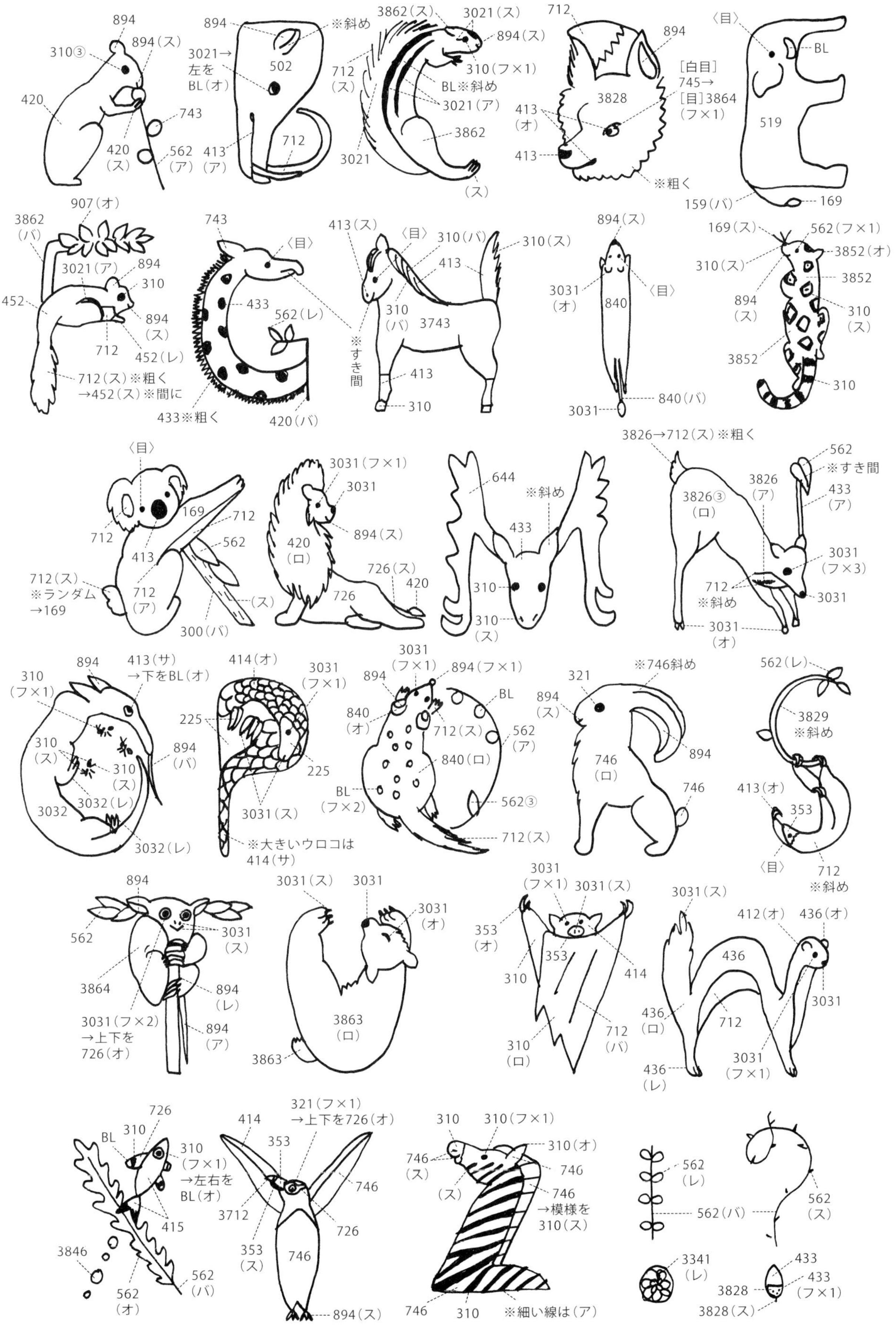

My family うちのペット p.38

すべて2本取りで刺し、サテンSは表記なし
丸数字は糸の本数

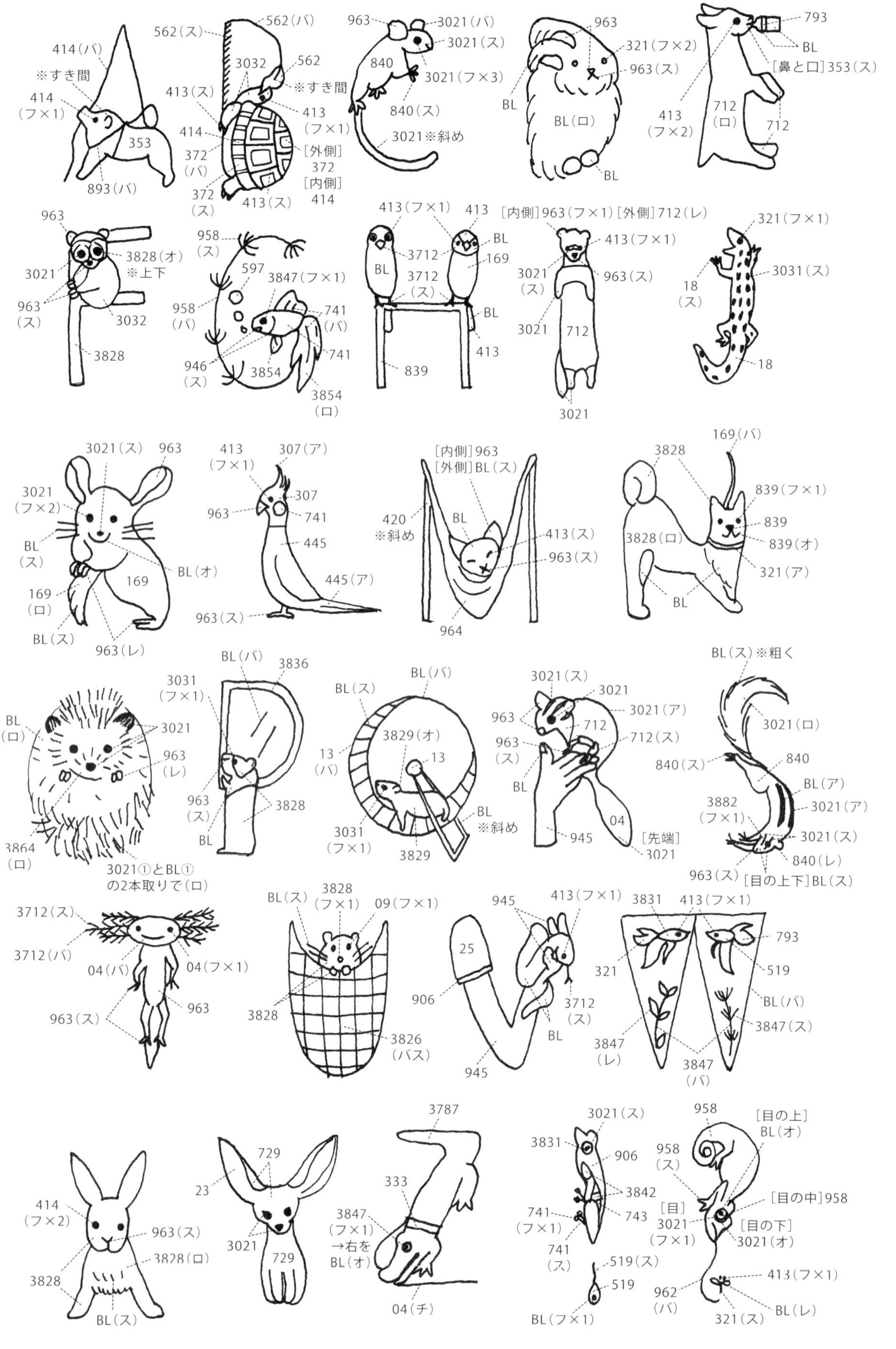

Panda パンダ p.40

<文字><輪郭><鼻><模様>は共通

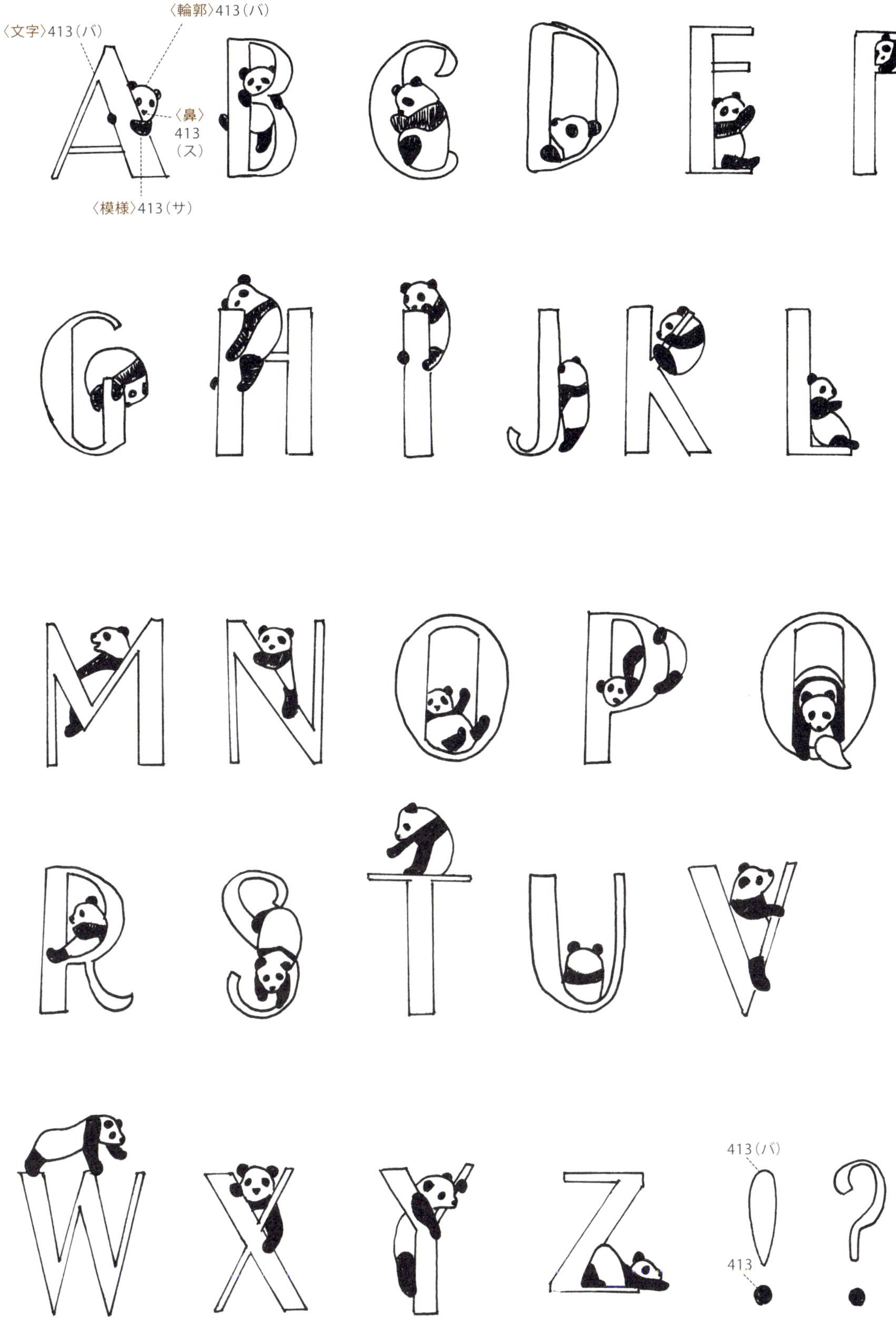

Penguin ペンギン p.40

〈黒目〉413（フ×1）
〈白目〉BL（オ）
〈口〉413（ス）
〈線〉413（バ）
〈子の口〉169（ス）
413（ア）
〈子〉169
〈模様〉413
〈足〉3771（ス）

BL（フ×1）

413（ロ）

※胴体は413（ロ）

※すき間

519
413（フ×1）
413（ス）

169

519（ス）
169（フ×1）
519（バ）
169（ス）
169（バ）
519
BL（フ×1）

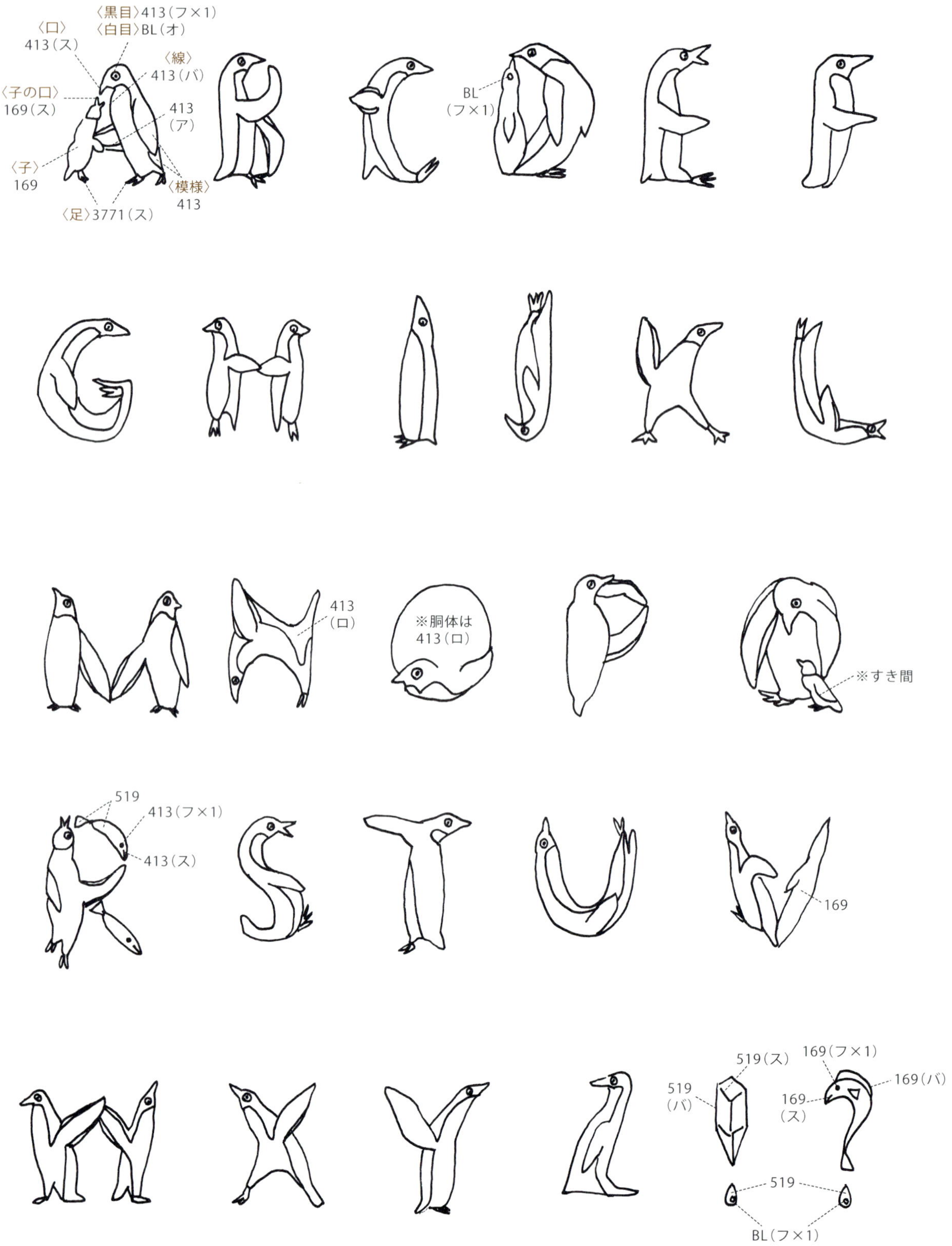

Birds 鳥 p.44

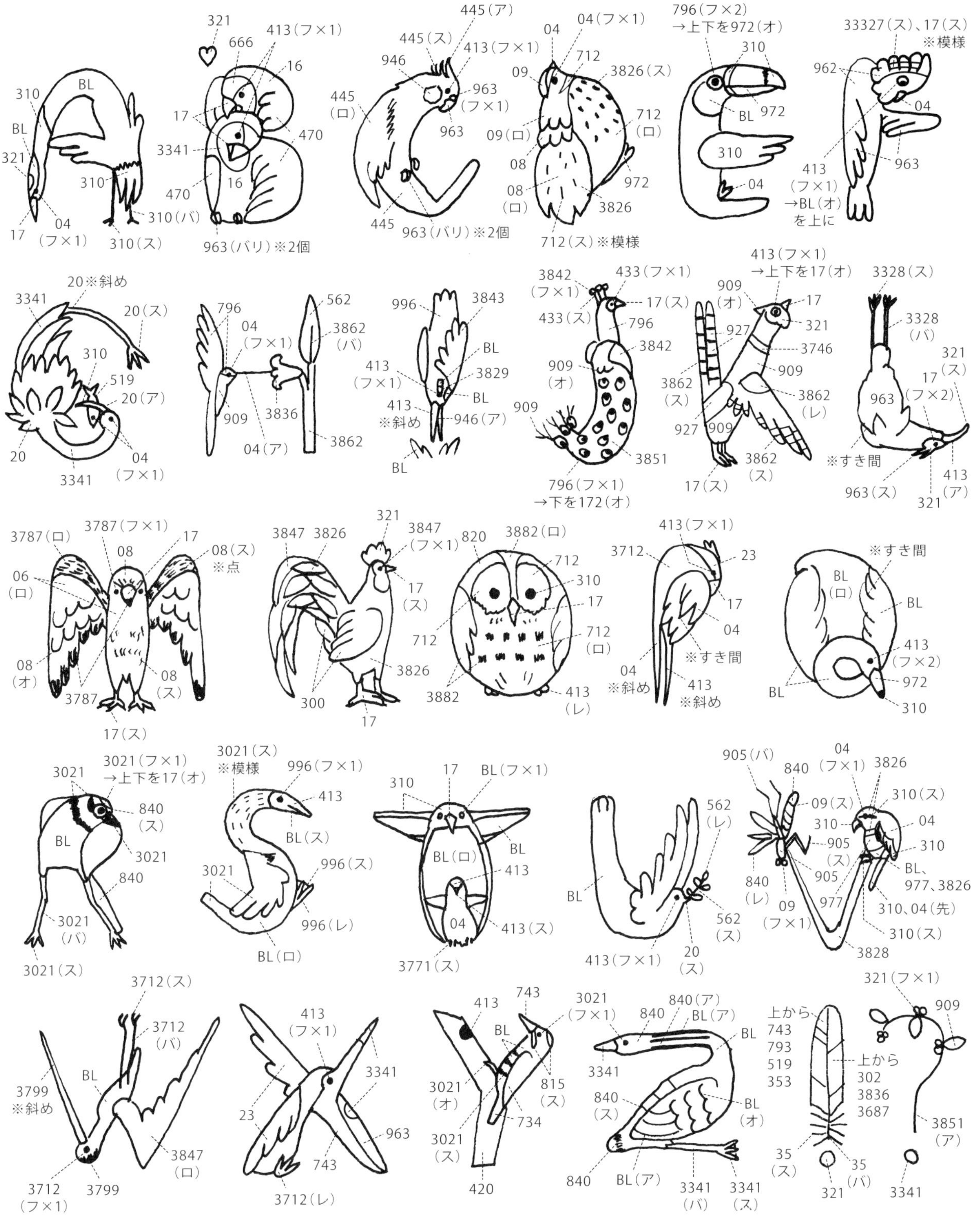
310
BL
BL
321
310
17
04
(フ×1)
310(バ)
310(ス)
321
666
413(フ×1)
16
17
3341
470
16
470
963(バリ)※2個
445(ア)
445(ス)
413(フ×1)
946
445
(ロ)
963
(フ×1)
963
445
963(バリ)※2個
04
04(フ×1)
712
09
3826(ス)
712
(ロ)
09(ロ)
08
08
(ロ)
972
3826
712(ス)※模様
796(フ×2)
→上下を972(オ)
310
BL
972
310
04
33327(ス)、17(ス)
※模様
962
04
963
413
(フ×1)
→BL(オ)
を上に
20※斜め
3341
20(ス)
310
519
20(ア)
20
3341
04
(フ×1)
796
04
(フ×1)
562
3862
(バ)
909
3836
04(ア)
3862
996
3843
BL
413
(フ×1)
3829
BL
413
※斜め
946(ア)
BL
3842
(フ×1)
433(フ×1)
17(ス)
433(ス)
796
3842
909
(オ)
909
3851
796(フ×1)
→下を172(オ)
413(フ×1)
→上下を17(オ)
909
(オ)
17
321
927
3746
909
3862
(ス)
3862
(レ)
927
909
3862
(ス)
17(ス)
3328(ス)
3328
(バ)
321
(ス)
17
(フ×2)
963
※すき間
413
(ア)
963(ス)
321
3787(ロ)
3787(フ×1)
08
17
08(ス)
※点
06
(ロ)
08
(オ)
3787
08
(ス)
17(ス)
3847
3826
321
3847
(フ×1)
17
(ス)
3826
300
17
820
3882(ロ)
712
310
17
712
712
(ロ)
3882
413
(レ)
413(フ×1)
3712
23
17
04
※すき間
04
※斜め
413
※斜め
※すき間
BL
(ロ)
BL
413
(フ×2)
972
BL
310
3021
3021(フ×1)
→上下を17(オ)
840
(ス)
BL
3021
840
3021
(バ)
3021(ス)
3021(ス)
※模様
996(フ×1)
413
BL(ス)
3021
996(ス)
996(レ)
BL(ロ)
310
17
BL(フ×1)
BL
BL(ロ)
413
04
413(ス)
3771(ス)
562
(レ)
BL
562
(ス)
413(フ×1)
20
(ス)
905(バ)
840
04
(フ×1)
3826
09(ス)
310(ス)
310
04
905
(ス)
310
905
BL、
977、3826
840
(レ)
09
(フ×1)
977
310、04(先)
310(ス)
3828
3712(ス)
3712
(バ)
BL
3799
※斜め
3847
(ロ)
3712
(フ×1)
3799
413
(フ×1)
3341
23
963
743
3712(レ)
743
413
BL
3021
(フ×1)
815
(ス)
3021
(オ)
734
3021
(ス)
420
840
840(ア)
BL(ア)
BL
3341
840
(ス)
BL
(オ)
840
BL(ア)
3341
(バ)
3341
(ス)
上から
743
793
519
353
35
(ス)
35
(バ)
321
321(フ×1)
909
上から
302
3836
3687
3851
(ア)
3341

Fishes 魚 p.46

すべて2本取りで刺し、サテンSは表記なし
<文字>は519(2本取り)をアウトラインS、<点>は519(2本取り)をサテンSで刺す

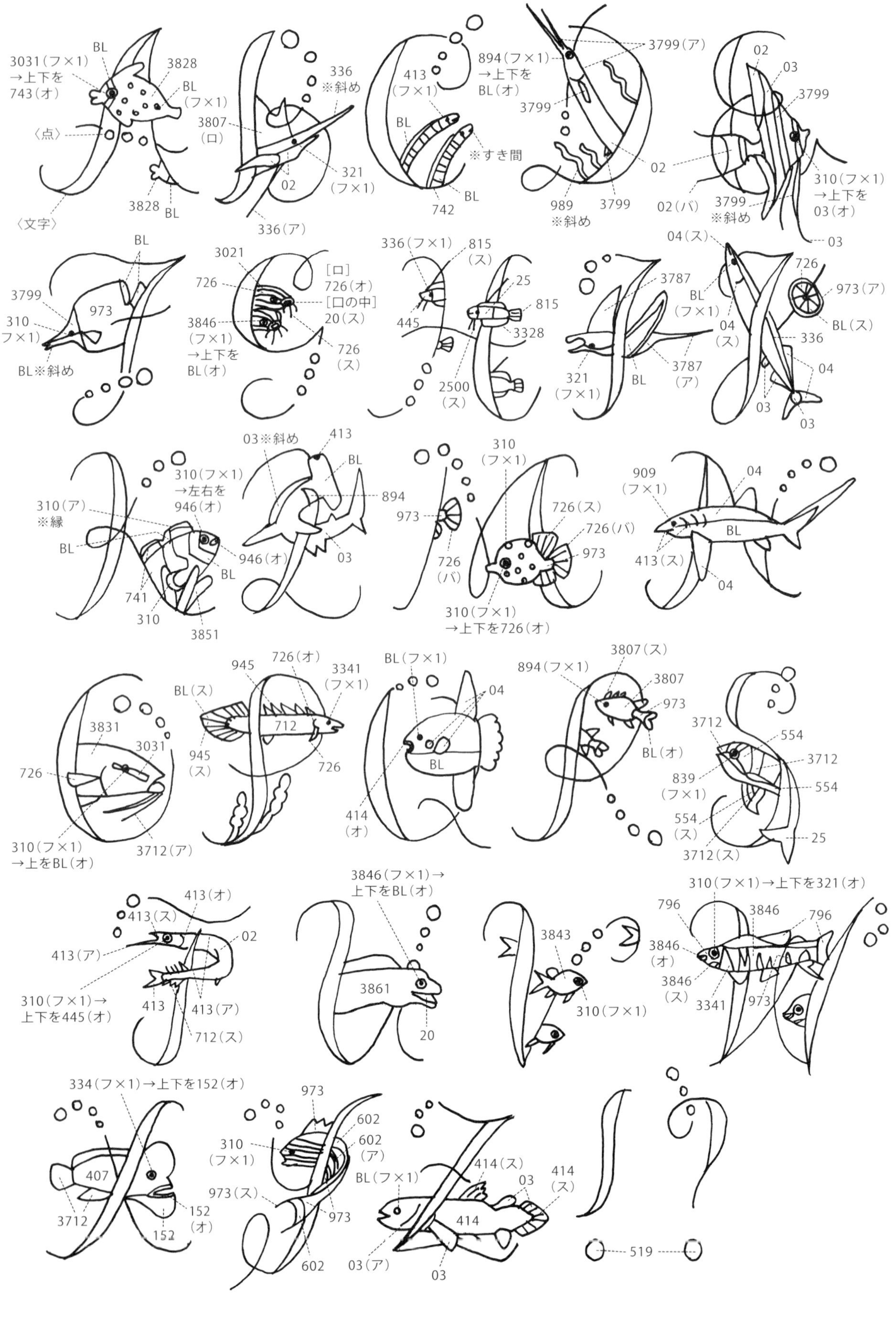

〈線〉バックS
※8色（a/310、b/BL、c/839、d/420、
　e/3826、f/04、g/3861、h/3787）
　のいずれかで刺す

〈ヒゲ〉
BL
（ス）

〈丸い目〉
562
（フ×2）

562（ス）

〈鼻〉
962（ス）

962（サ）
※粗く

962（バ）

962（レ）
562
（フ×2）
04（バ）
962（バ）

〈閉じた目〉
562（ス）

3787
（バ）
420（サ）
562
（サ）

BL（ス）
562（サ）
BL（バ）

BL（バ）
562（サ）
3787
（バ）
3826
（チ）
962
（フ×1）
562（レ）
962
420
3787
（バ）
962（ス）

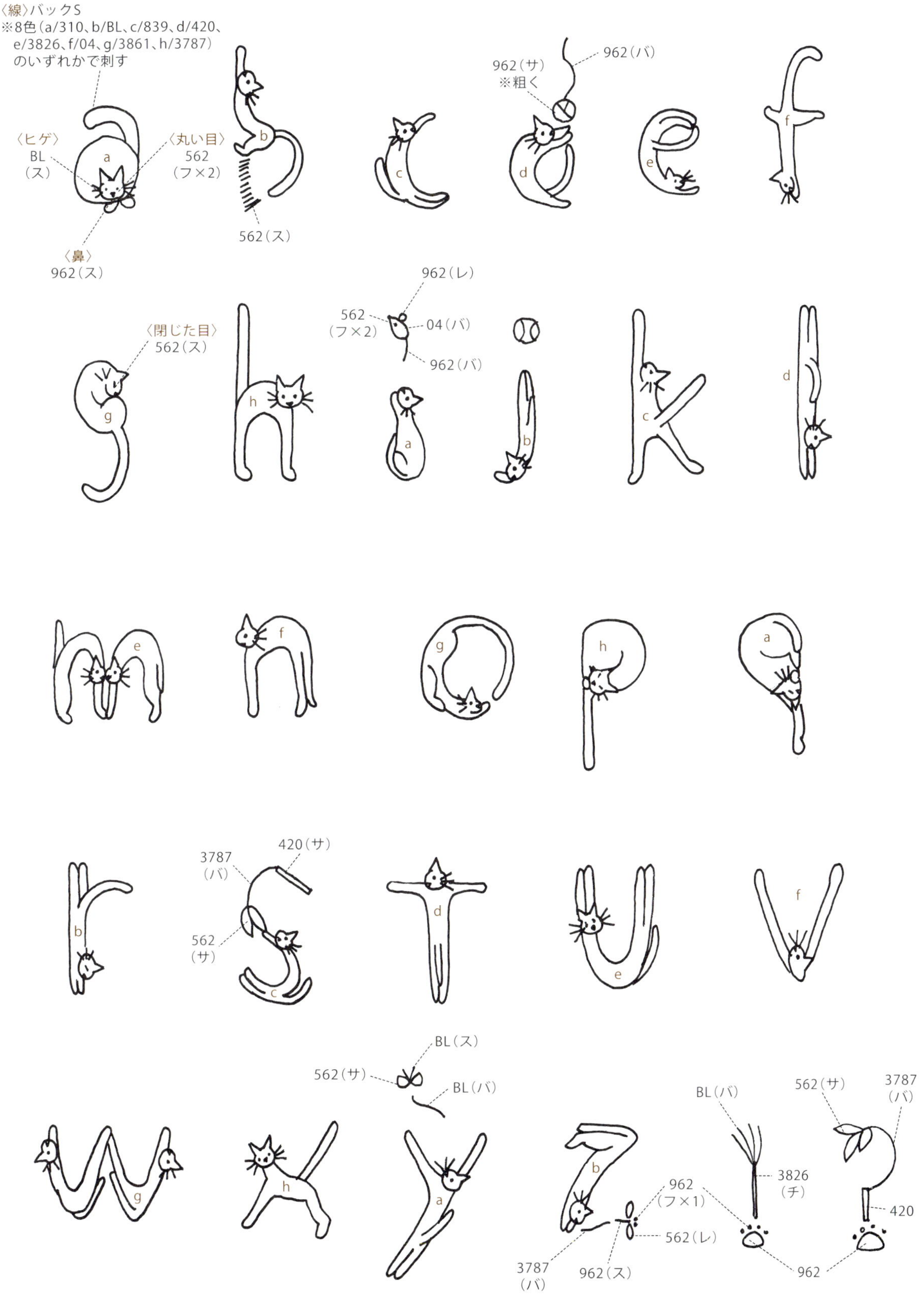

I love you 好き p.54

すべて2本取りで刺し、サテンSは表記なし

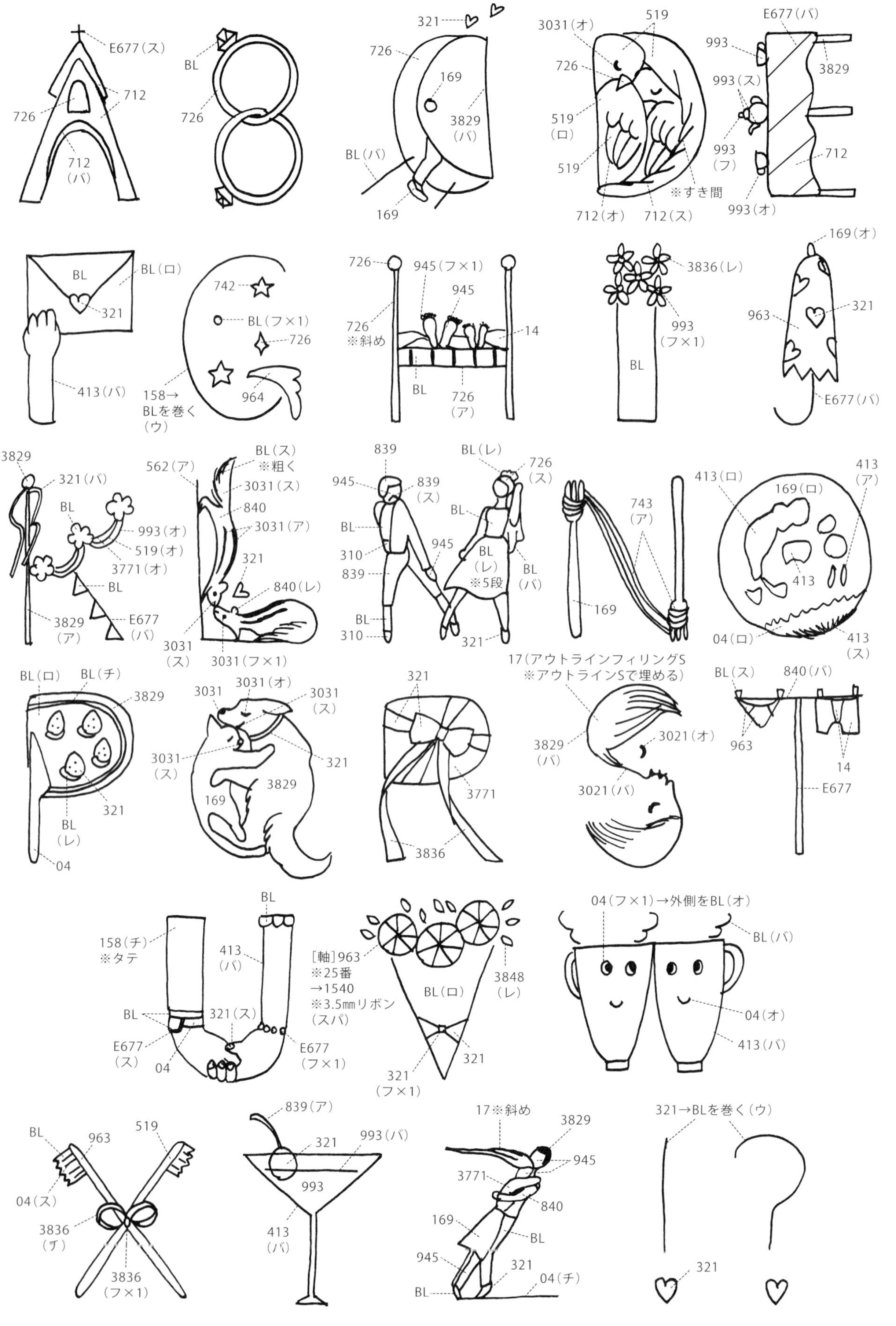

UMA 未確認生物 p.56

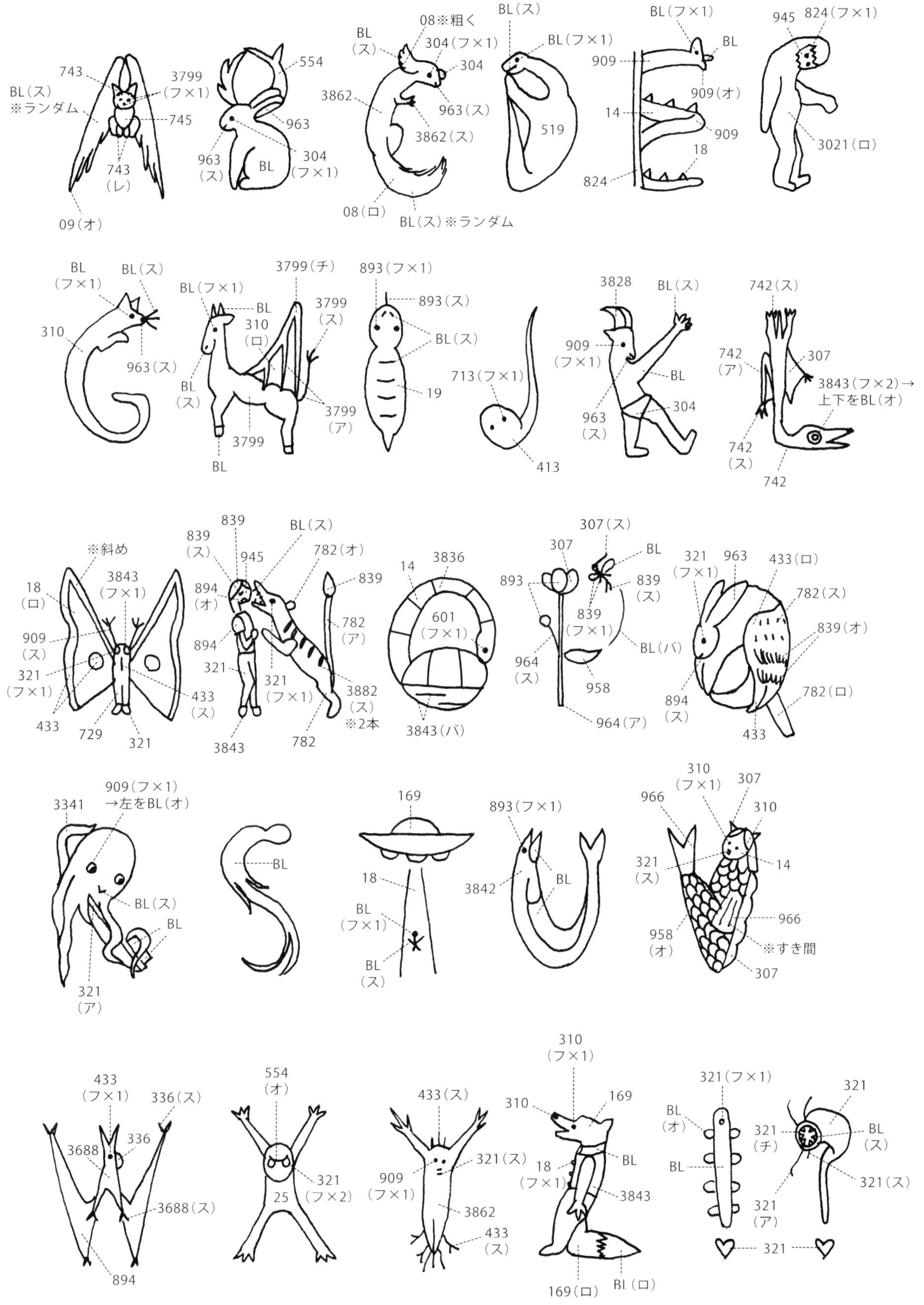

Family 親子 p.60

すべて2本取りで刺し、サテンSは表記なし

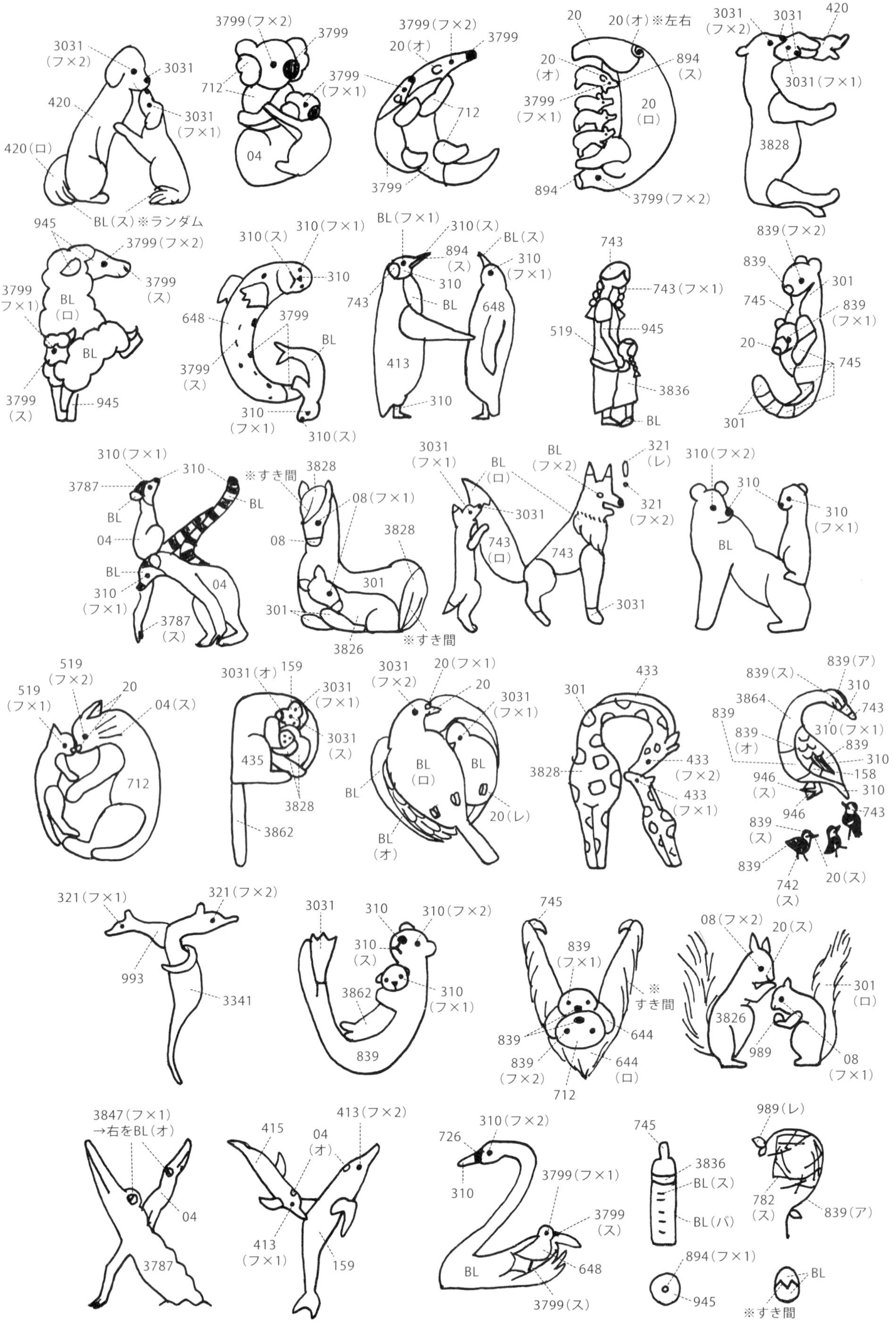

Nemesis 天敵 p.62

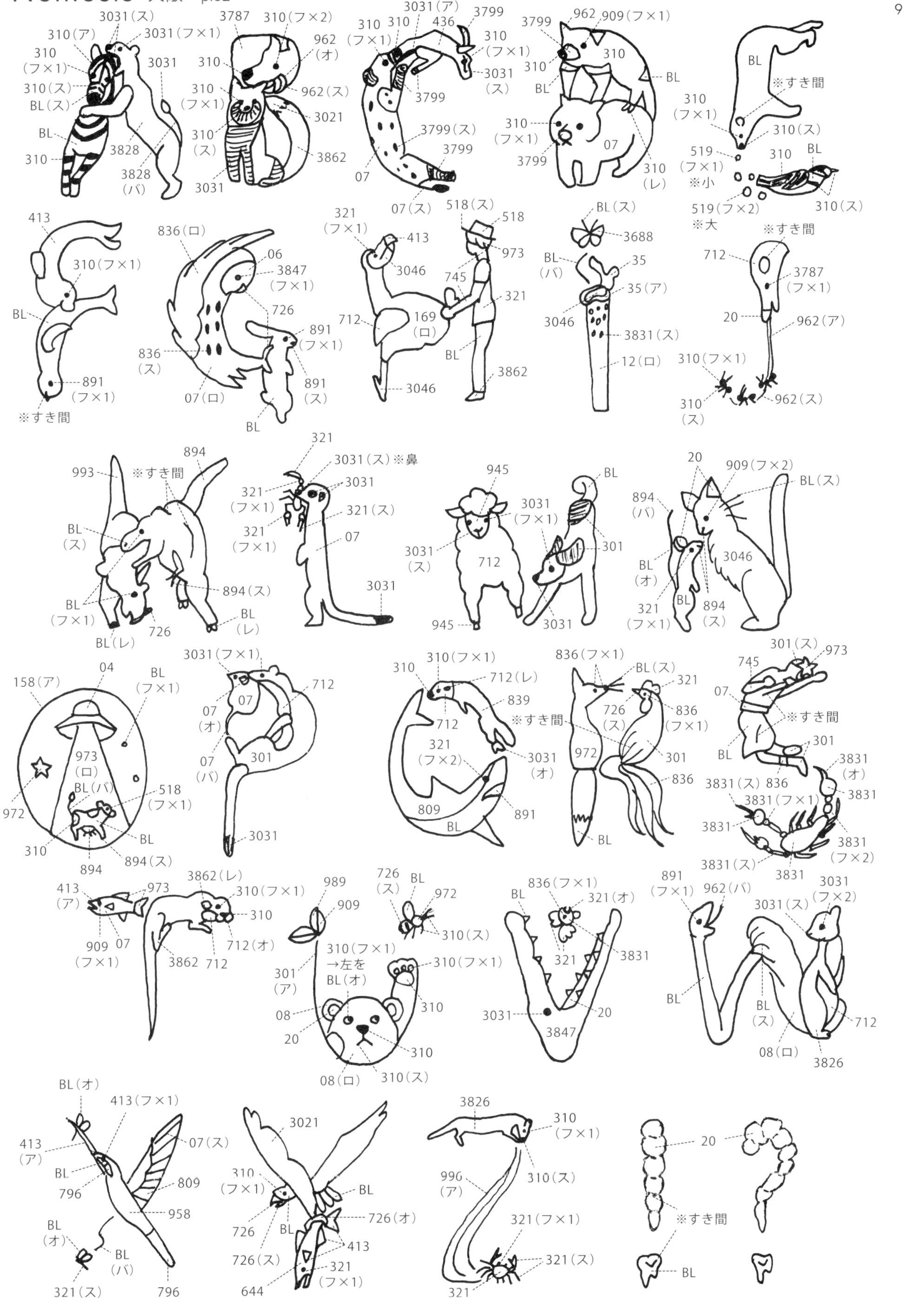

Scissors Keeper シザーキーパー p.14

すべて2本取りで刺し、サテンSは表記なし、それ以外はステッチ名の頭文字を表記しています(77ページの一覧参照)

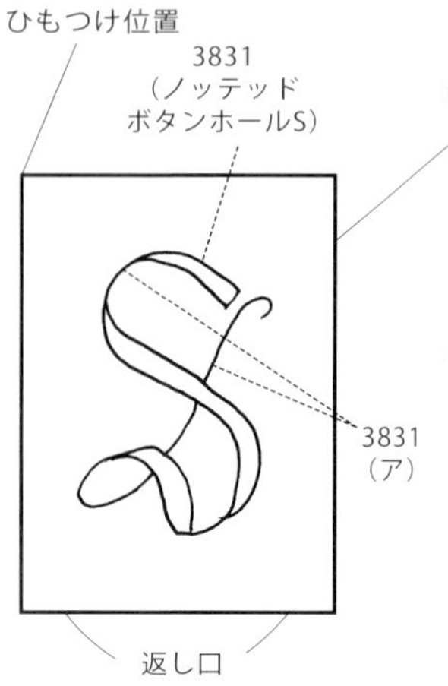
ひもつけ位置
3831
(ノッテッド
ボタンホールS)
3831
(ア)
返し口

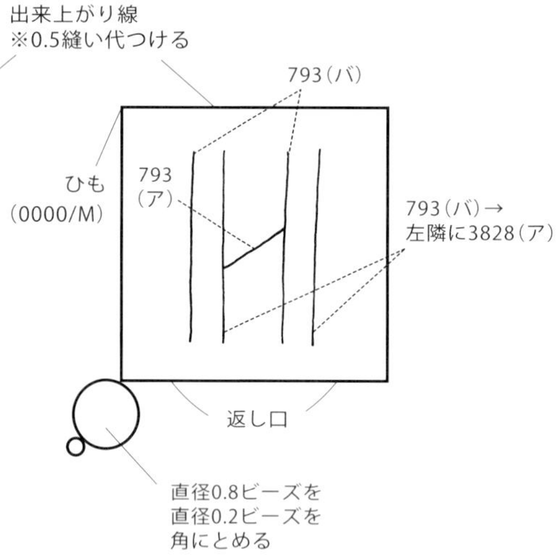
出来上がり線
※0.5縫い代つける
793(バ)
ひも
(0000/M)
793
(ア)
793(バ)→
左隣に3828(ア)
返し口
直径0.8ビーズを
直径0.2ビーズを
角にとめる

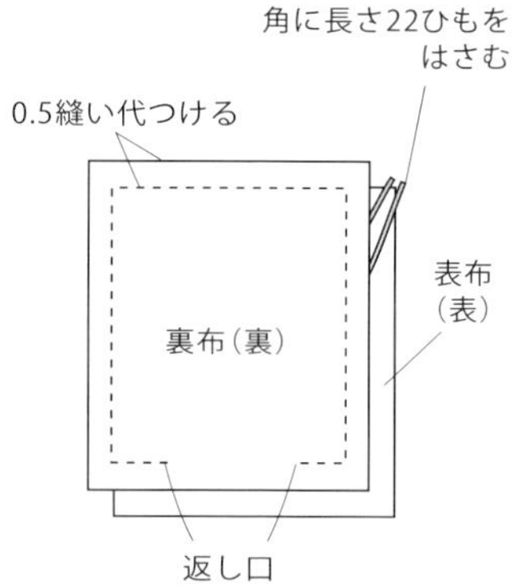
角に長さ22ひもを
はさむ
0.5縫い代つける
表布
(表)
裏布(裏)
返し口

❶刺繍した表布に裏布を中表に重ね、返し口を残して縫う

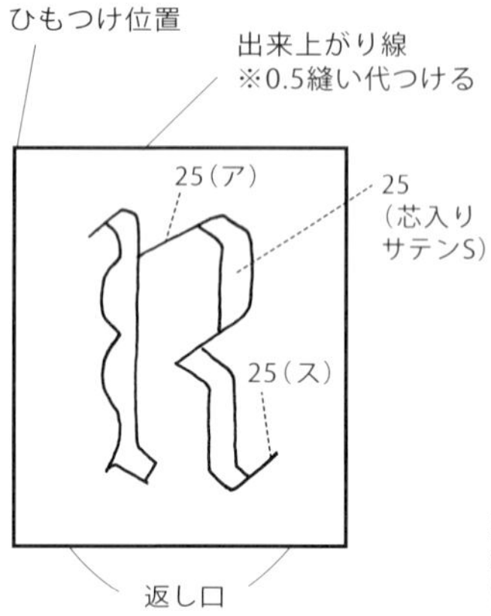
ひもつけ位置
出来上がり線
※0.5縫い代つける
25(ア)
25
(芯入り
サテンS)
25(ス)
返し口

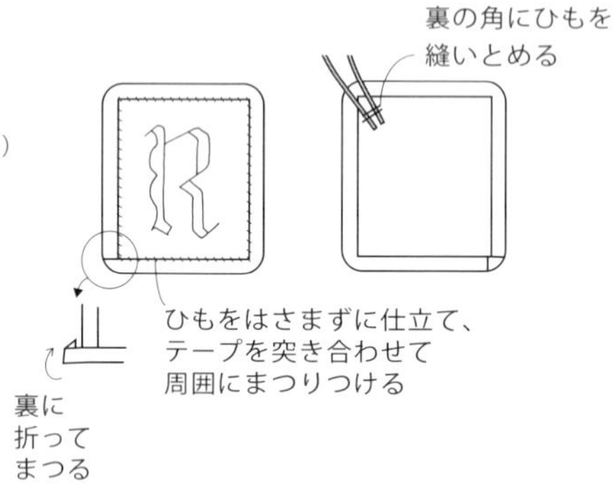
裏の角にひもを
縫いとめる
ひもをはさまずに仕立て、
テープを突き合わせて
周囲にまつりつける
裏に
折って
まつる

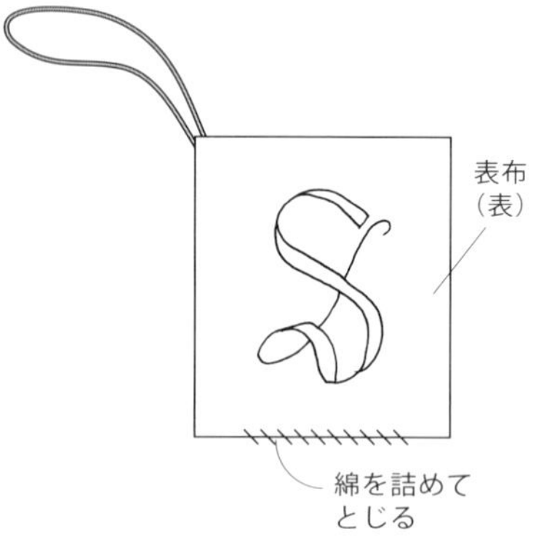
表布
(表)
綿を詰めて
とじる

❷返し口から表に返し、綿を詰めて、返し口をとじる

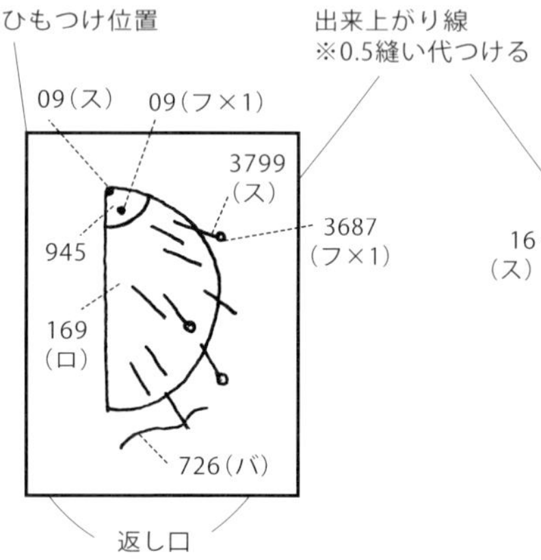
ひもつけ位置
出来上がり線
※0.5縫い代つける
09(ス)
09(フ×1)
3799
(ス)
3687
(フ×1)
945
169
(ロ)
726(バ)
返し口

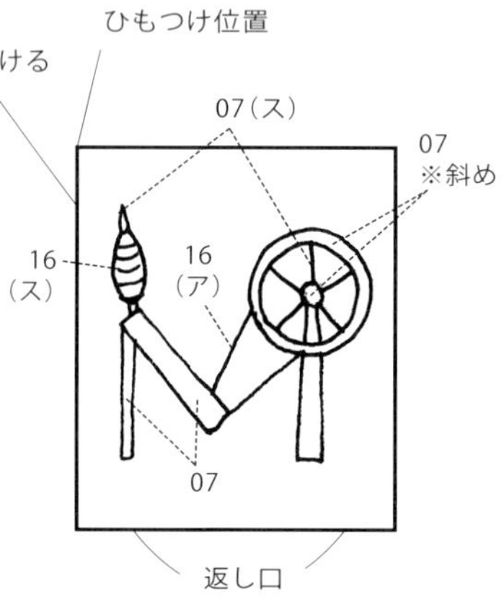
ひもつけ位置
07(ス)
07
※斜め
16
(ス)
16
(ア)
07
返し口

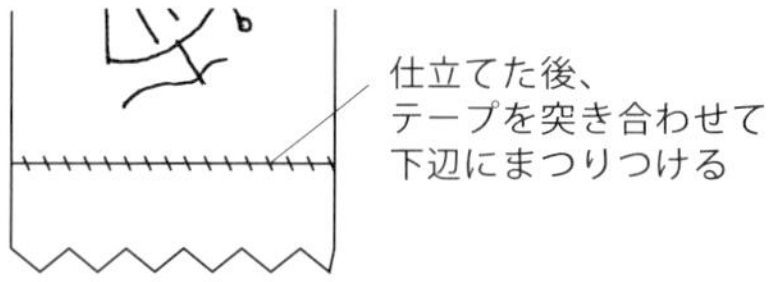
仕立てた後、
テープを突き合わせて
下辺にまつりつける

Stitch Tape 刺繡のテープ p.26

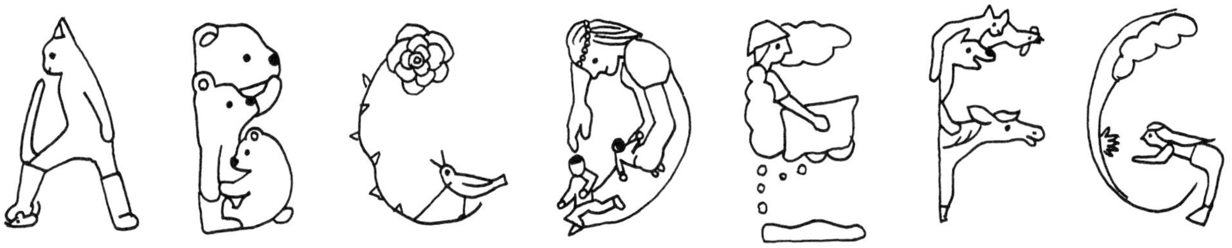

※90%縮小した上記図案を作り方p.86と同様に、テープ（レーヨン麻混紡のグログランリボン36㎜幅、ナチュラル/L）に刺繡

Christmas Ornament クリスマスオーナメント p.32

すべて2本取りで刺し、サテンSは表記なし

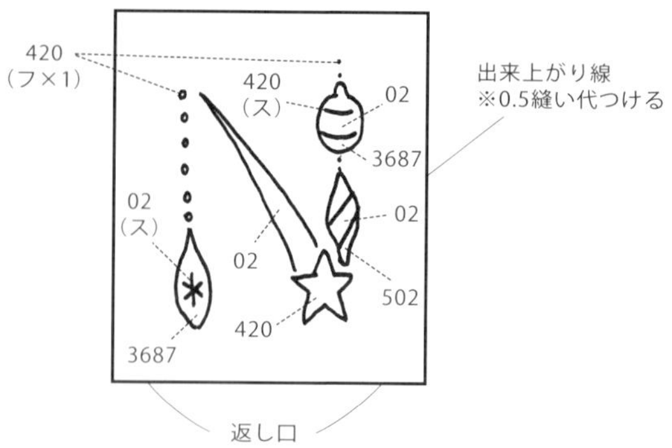
420
（フ×1）
420
（ス）
02
3687
出来上がり線
※0.5縫い代つける
02
（ス）
02
02
502
420
3687
返し口

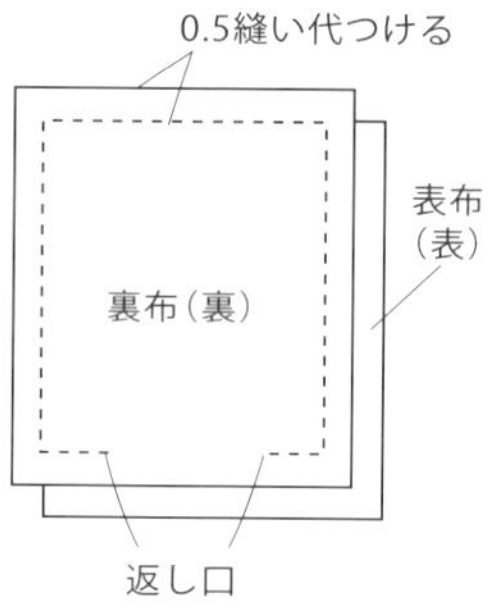
0.5縫い代つける
表布
（表）
裏布（裏）
返し口

❶刺繍した表布に裏布を中表に重ね縫う、返し口を残して縫う

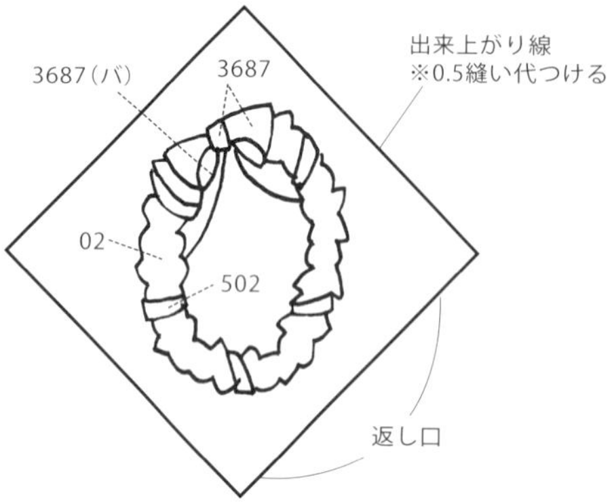
3687（バ）
3687
出来上がり線
※0.5縫い代つける
02
502
返し口

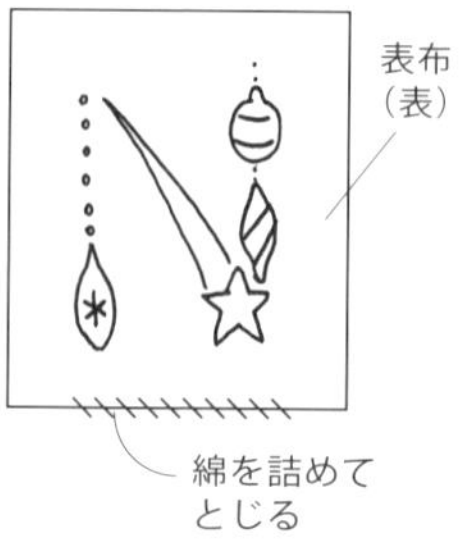
表布
（表）
綿を詰めて
とじる

❷返し口から表に返し、綿を詰めて、返し口をとじる

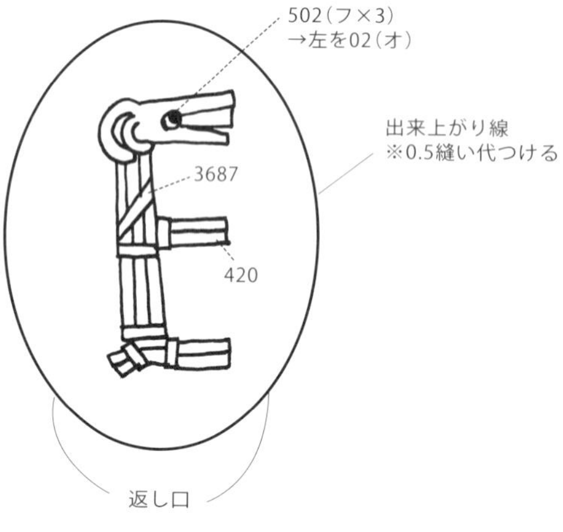
502（フ×3）
→左を02（オ）
出来上がり線
※0.5縫い代つける
3687
420
返し口

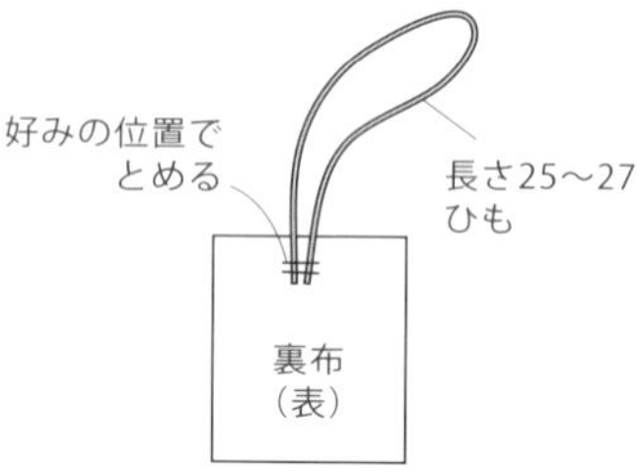
好みの位置で
とめる
長さ25～27
ひも
裏布
（表）

❸裏にひもを縫いつける

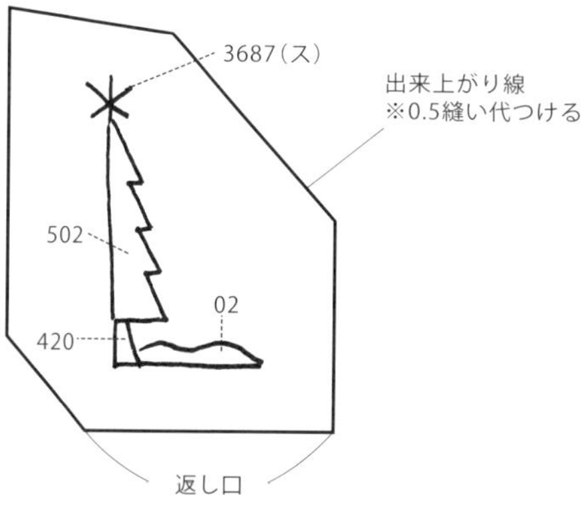
3687（ス）
出来上がり線
※0.5縫い代つける
502
02
420
返し口

712（フ×1）

3849（バ）

出来上がり線
※裁ち切りする

712

3032→BLを巻く
（ウ）

3849

3849（ス）

表布（表）

接着芯

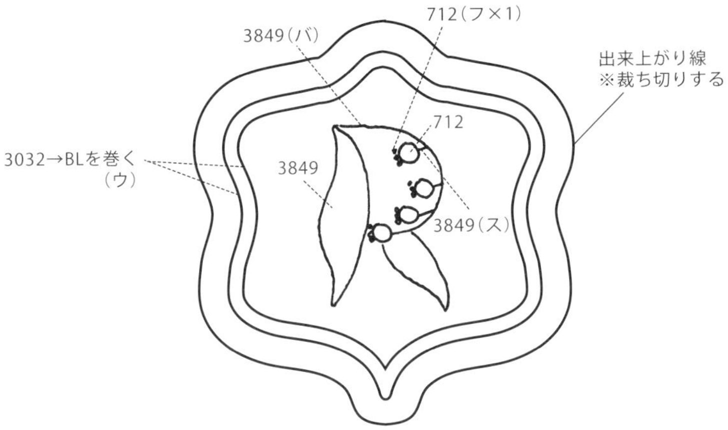

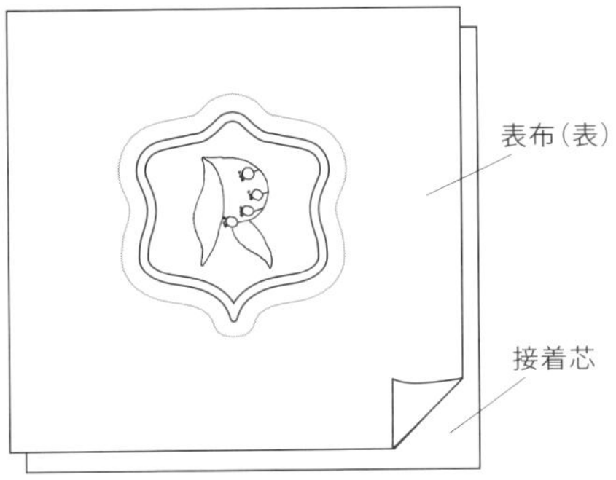

❶刺繍した表布に厚手の接着芯を貼る

穴にひもを通して
ラッピングの
タグにする

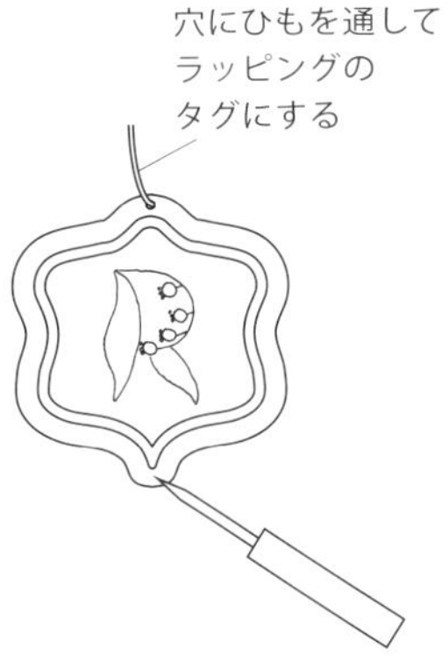

❷出来上がりで布をカットし、
上下にひもを通す穴をあける

糸を切らないように
きわでカット

※使用後、外側の刺繍のきわで
カットしてワッペンとして
使ってもよい

フレームデザイン集
アルファベットを中心に配置して使いましょう

すべて2本取りで刺し、サテンSは表記なし

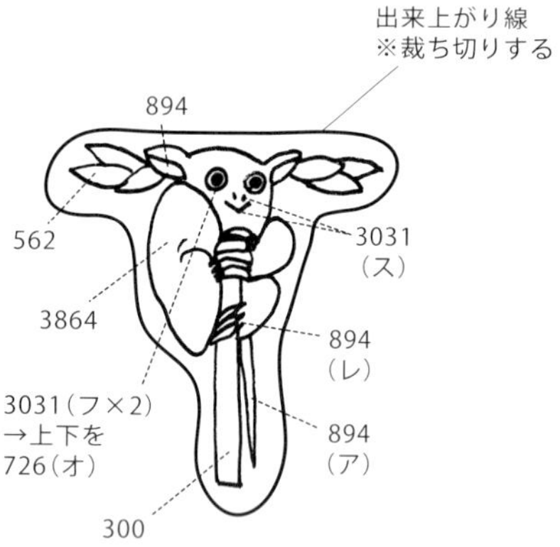

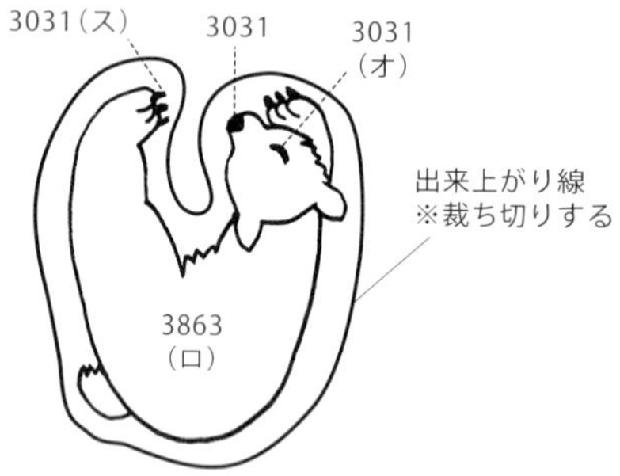

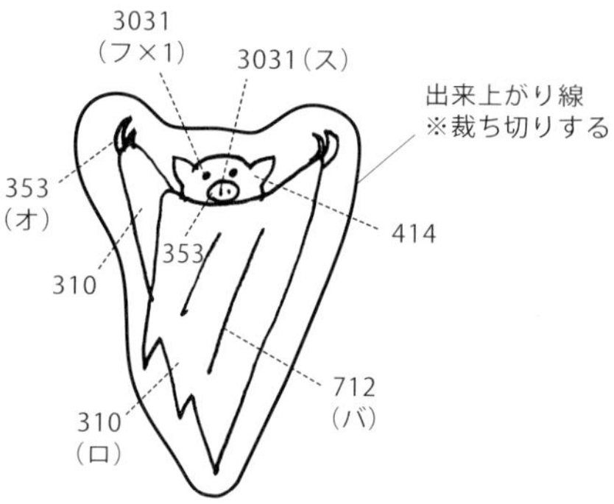

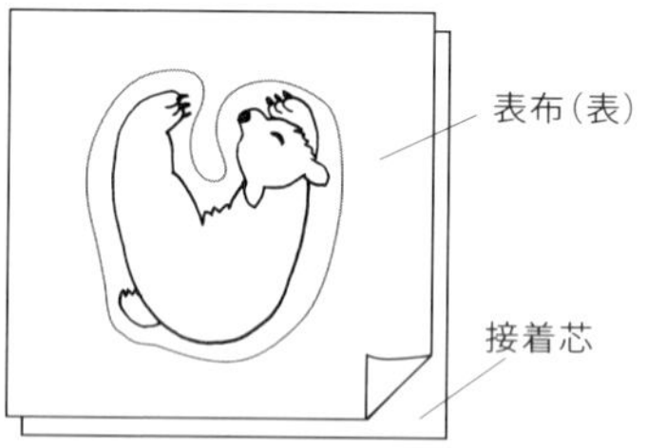

出来上がり線
※裁ち切りする

894
562
3864
3031（フ×2）
→上下を
726（オ）
300
3031（ス）
894（レ）
894（ア）

3031（ス）　3031　3031（オ）
出来上がり線
※裁ち切りする
3863（ロ）

3031（フ×1）　3031（ス）
出来上がり線
※裁ち切りする
353（オ）
353
310
414
310（ロ）
712（バ）

表布（表）
接着芯

❶刺繍した表布に接着芯を貼る

好みの長さの
テープ
革

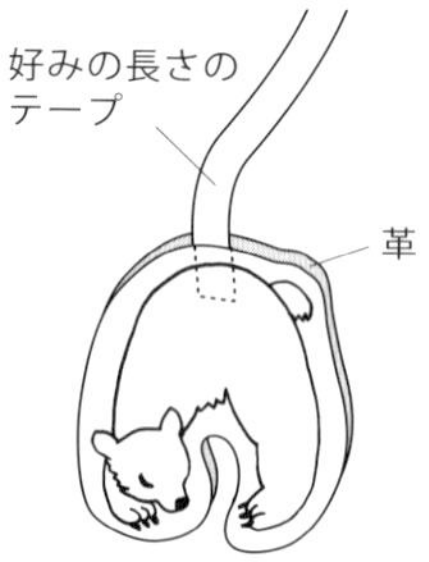

❷出来上がり線で布をカットし、
　しおり用のテープを挟んで
　同寸にカットした革を
　ボンドを貼り合わせる
　※作品のように上下を逆にするなど、
　　テープは好きな位置にはさむ

〈黒目〉3799（フ×1）
〈白目〉BL（オ）
〈口〉
3799（ス）
〈線〉
3799（バ）
〈模様〉
3799
〈足〉3799（ス）
3799（フ×1）
3799
（ス）
3799（バ）
3799（バ）
3799（ス）
3799（オ）
3799

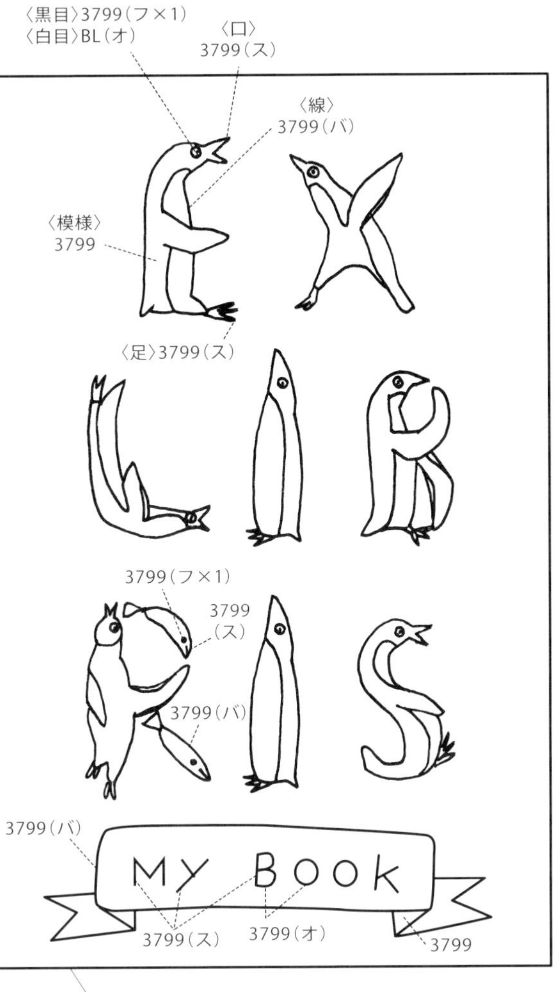

ワッペンにする場合は、裏に接着芯（出来上がり寸法）を貼り、
縫い代0.3〜0.5cmをつけて折り返してまつりつける

Sampler Wappen サンプラーワッペン p.58

すべて2本取りで刺し、サテンSは表記なし

※作り方p.97と同様に刺繍した表布の裏に接着芯を貼り、3ミリピッチのピンキングはさみでカットする

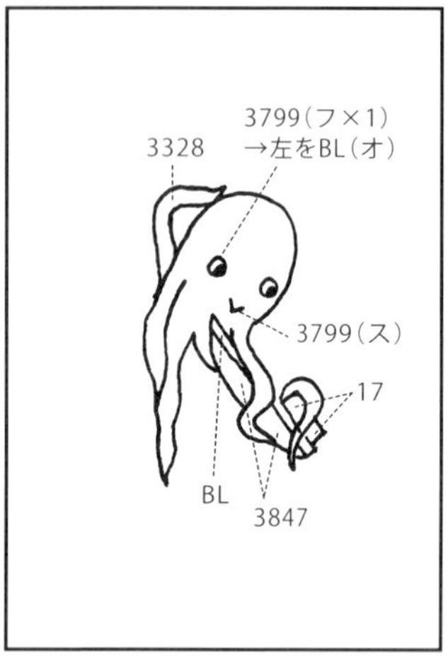

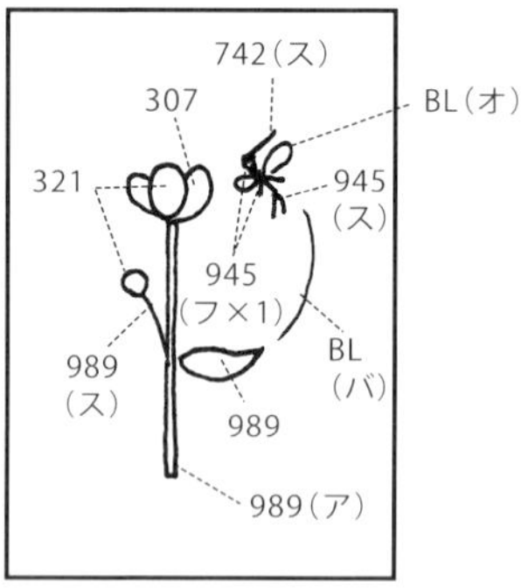

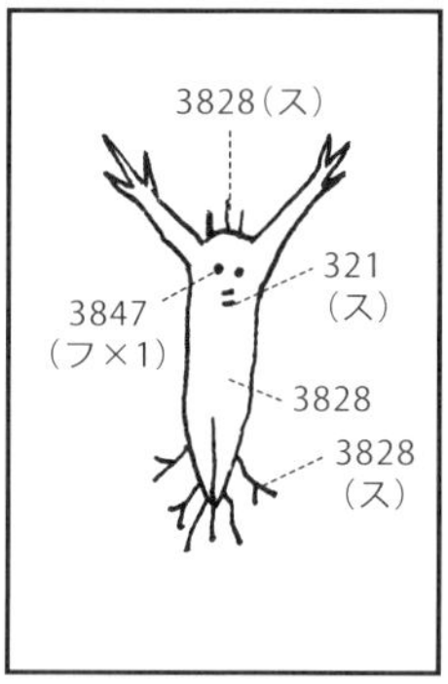

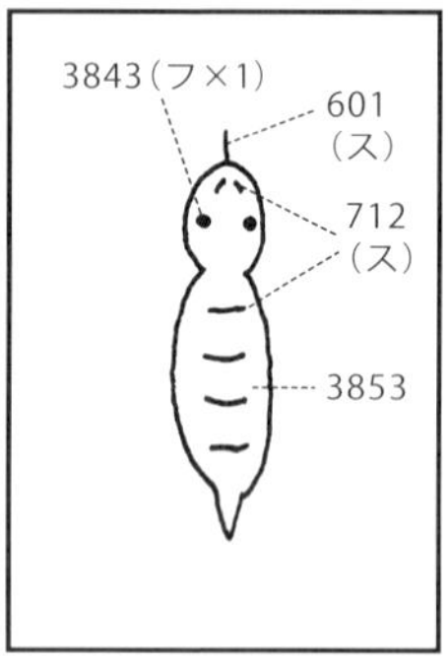

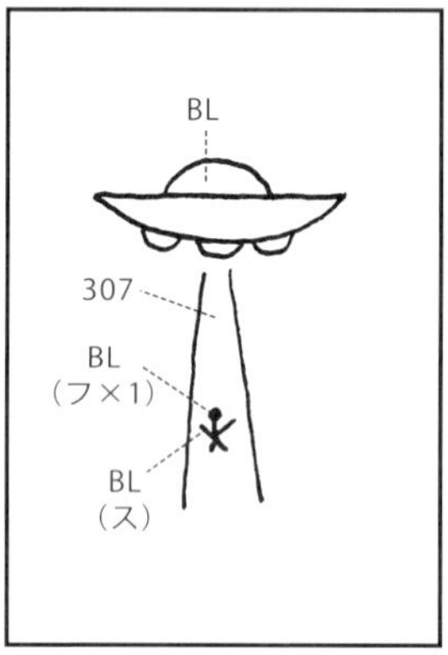

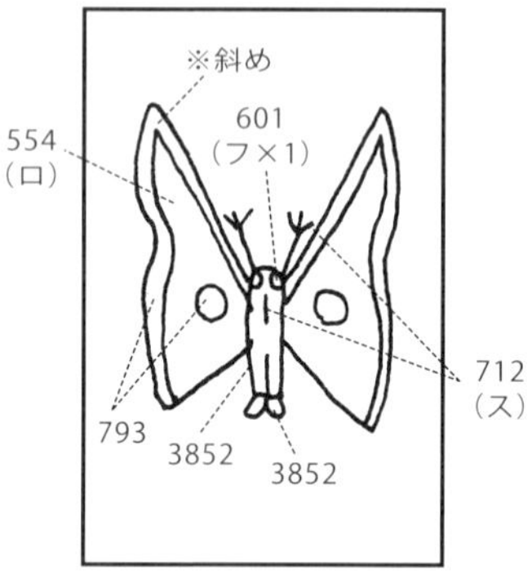

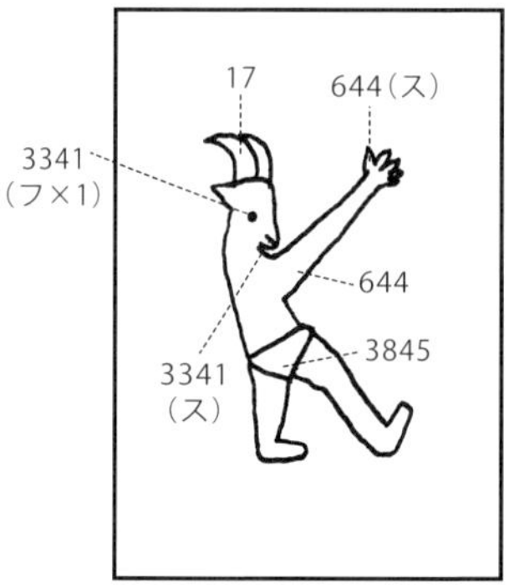

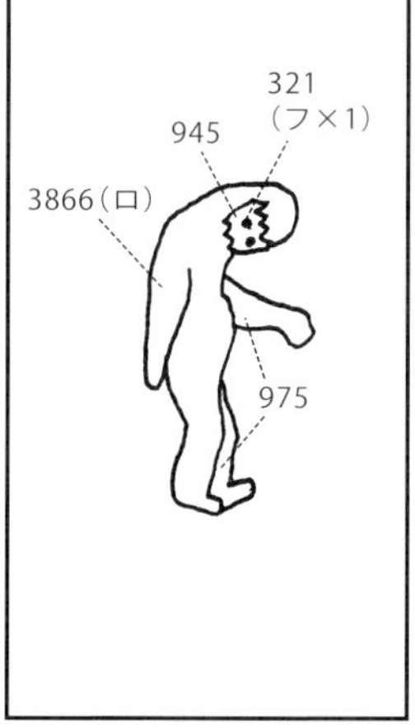

出来上がり線

839
945
839（ス）
BL
3848
310
839
BL
310
945
BL（レ）
726（ス）
BL
BL（レ）
※5段
BL（バ）
321

0.5のり代

3.5

表布（表）

中心

7

❶刺繍した表布をのり代をつけて
イラストのように裁つ

表布（裏）

0.5のり代

3.5×3.5
厚紙

❷布の裏に厚紙を重ねて
のり代をボンドで貼る

表布（表）

厚紙

❸二つに折ってボンドで
貼り合わせる

裏布
※フェルト

まつる

④裏にフェルトを重ね
上部を残してまつる

※市販のティーバッグの
タグを中に入れて使う

出来上がり線

裏布
※フェルト

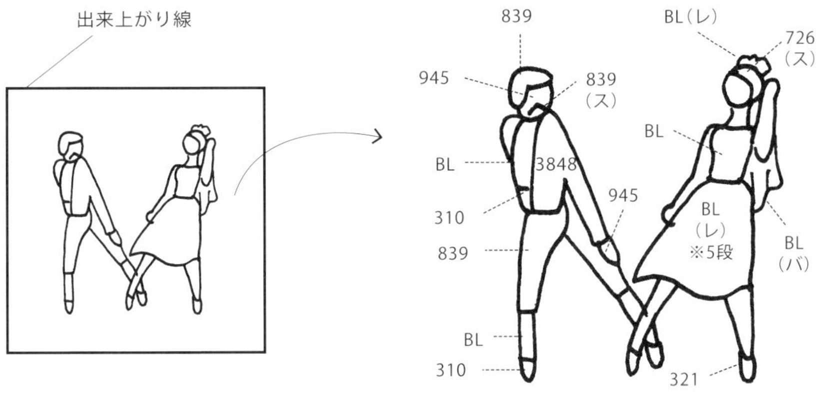

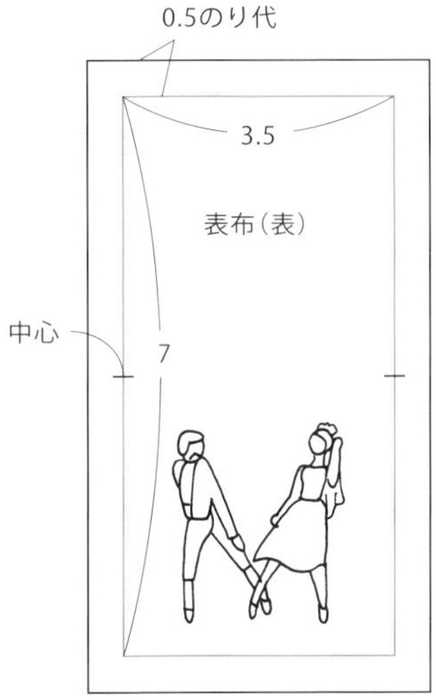

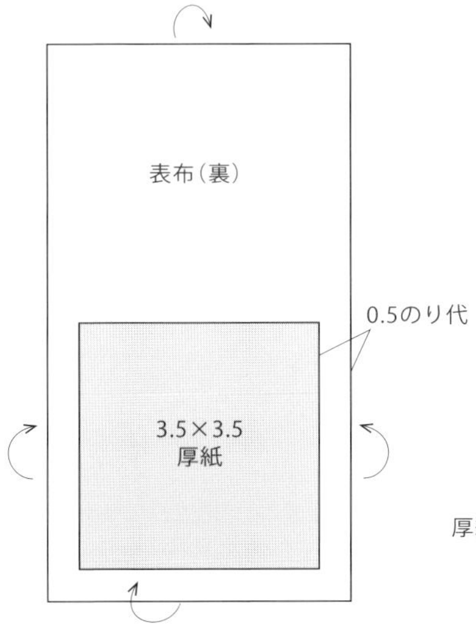

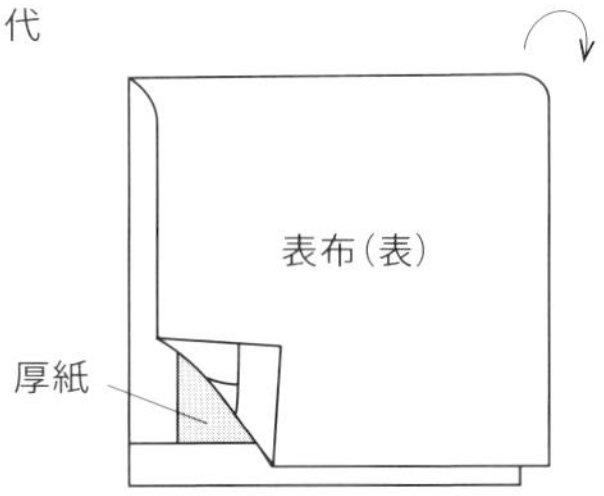

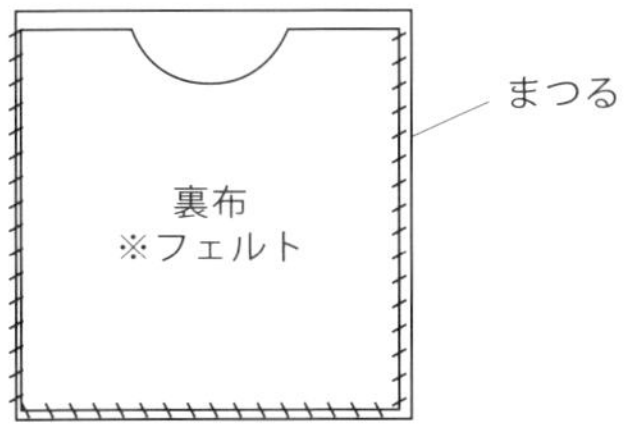

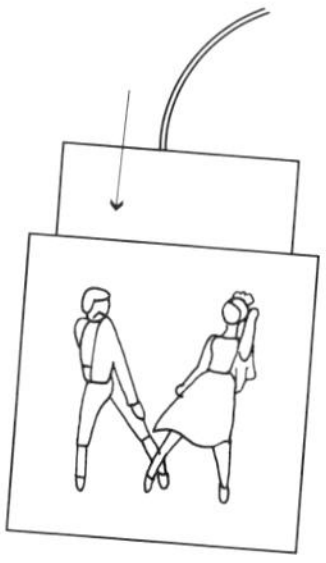

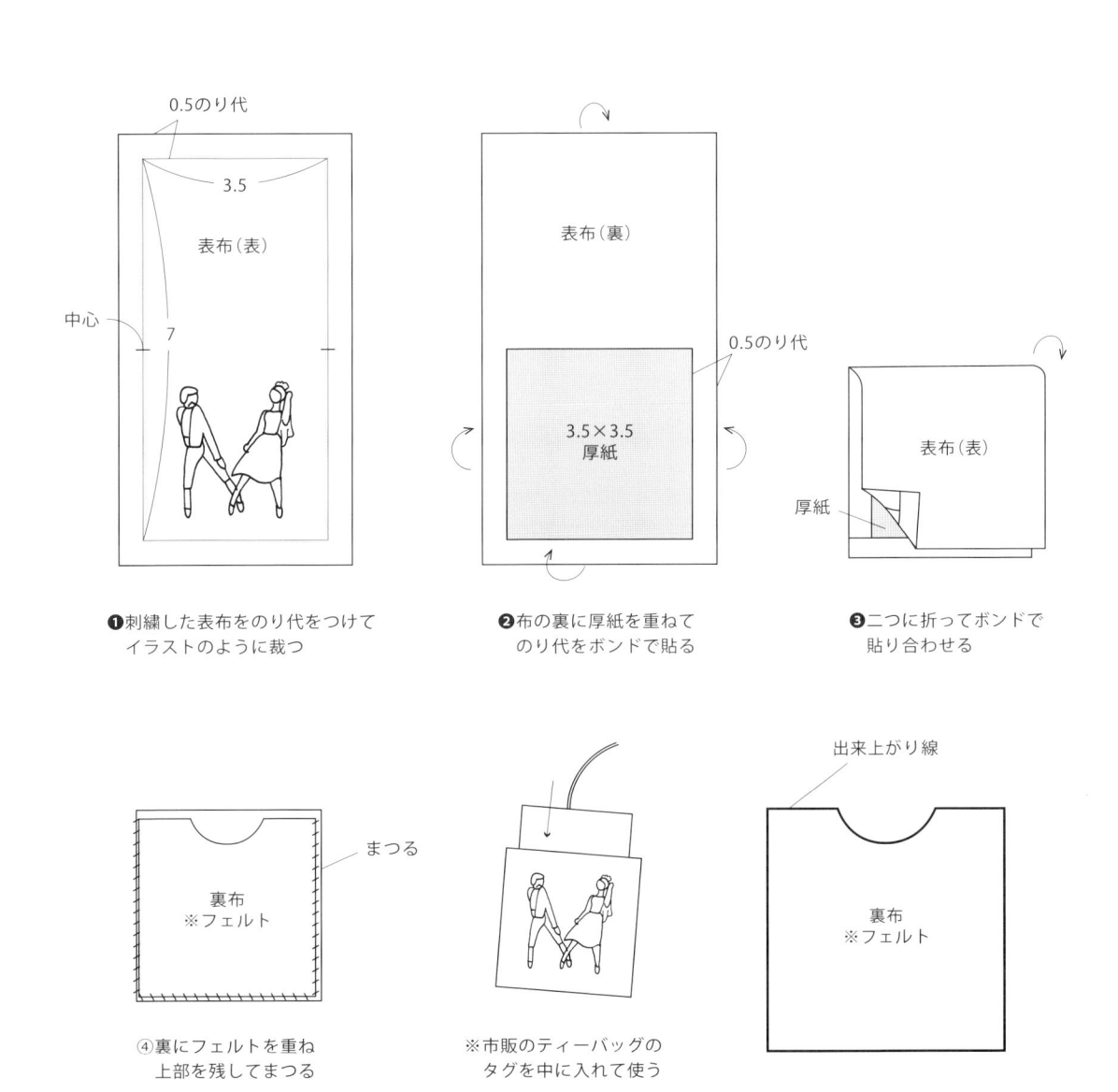

Message メッセージ p.50

※刺し方は、作り方p.80と同様

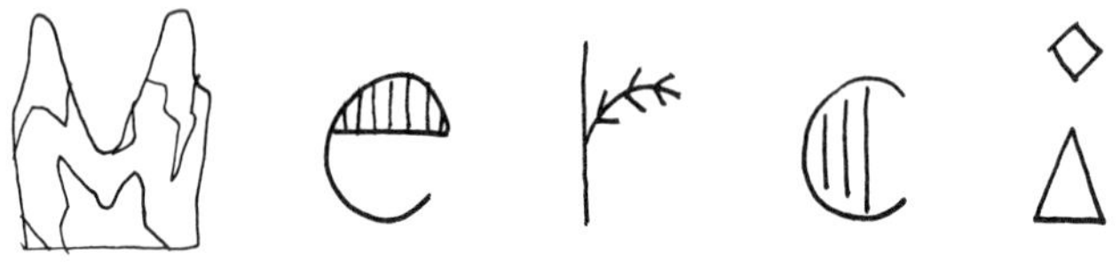

※刺し方は、Mは作り方p.87、それ以外はp.80と同様

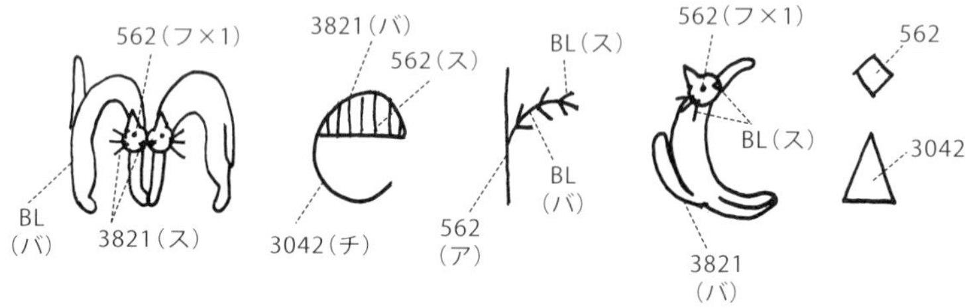

※好みのテープに刺繍する

Cover 表紙

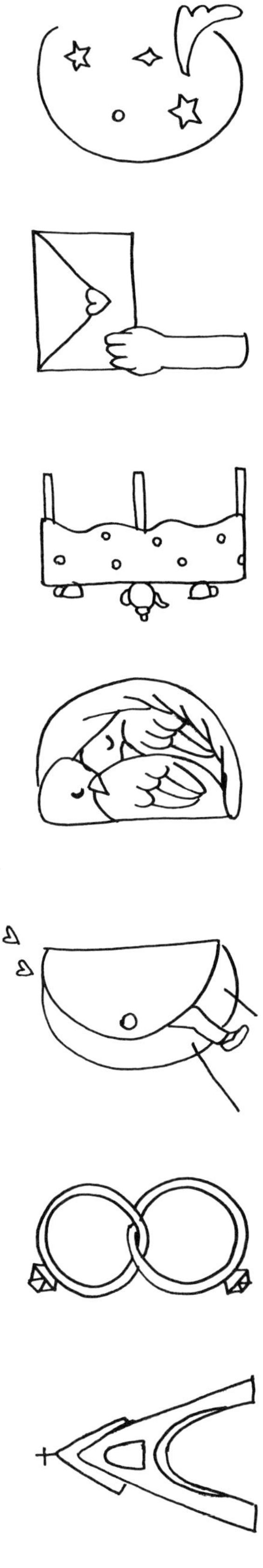

※作り方p.96と同様に、テープ（刺繍用リネンテープ約55mm幅、チェック、ライトグリーン/L）に刺繍

※作り方p.89と同様に、テープ（刺繍用リネンテープ約55mm幅、ストライプ、パープル/L）に刺繍

Monogram モノグラム p.64

すべて2本取りで刺し、サテンSは表記なし

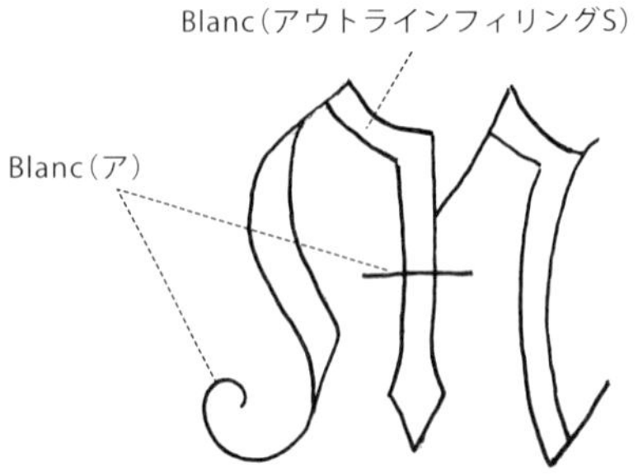

❶上の図案Mを刺す

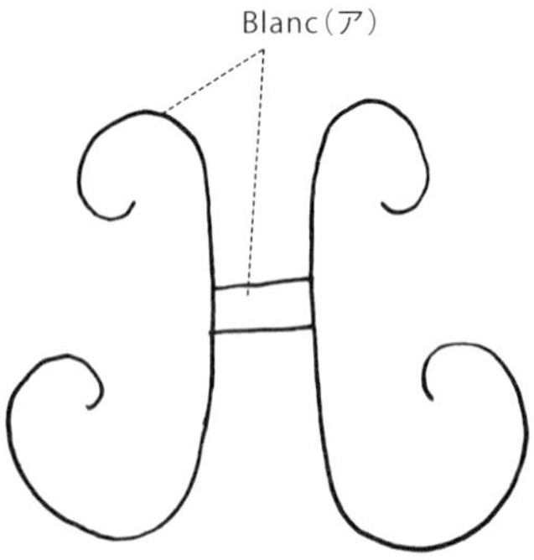

❷下のモノグラム用図案Hを刺す

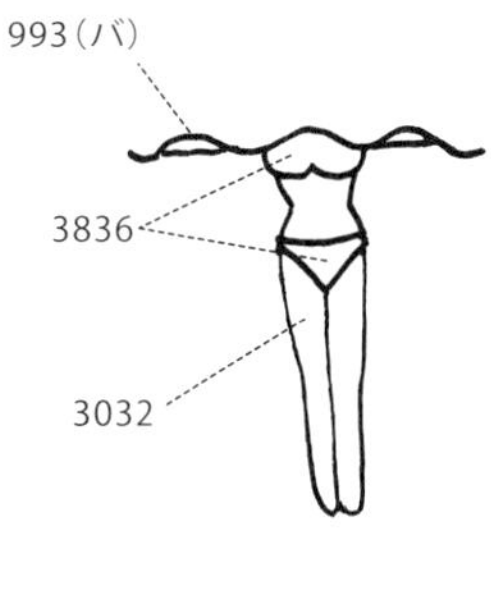

❶上の図案Tを刺す

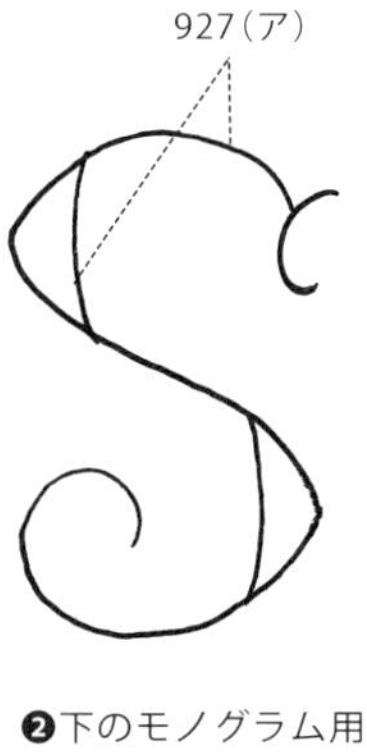

❷下のモノグラム用図案Sを刺す

好みのアルファベットと重ねて使用し、すべて2本取りの
アウトラインSで刺す

◎基本のステッチ

ア…アウトラインS

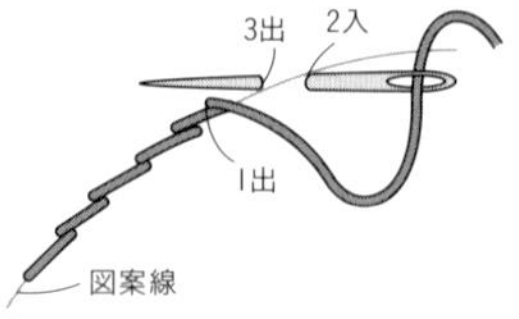
3出
2入
1出
図案線

ウ…ウィップド チェーンS

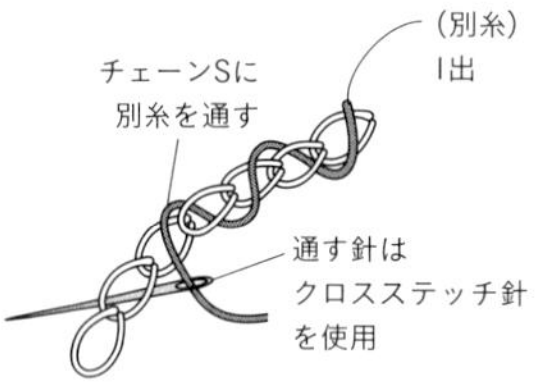
(別糸)
1出
チェーンSに
別糸を通す
通す針は
クロスステッチ針
を使用

オ…オープン レゼーデージーS

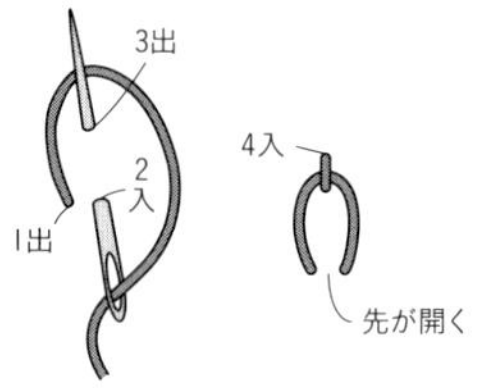
3出
2入
1出
4入
先が開く

コ…コーチングS

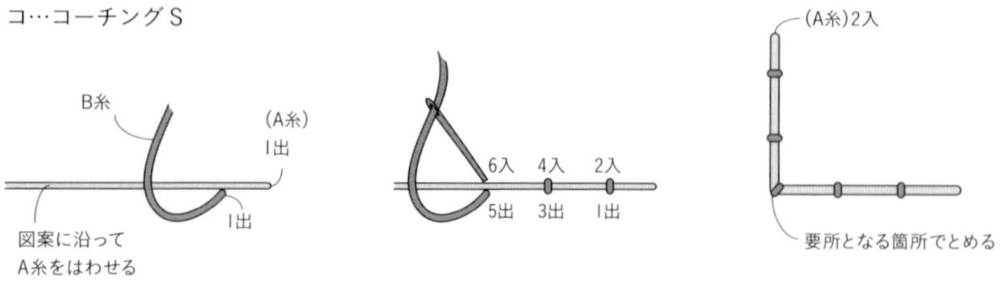
B糸
(A糸)
1出
1出
図案に沿って
A糸をはわせる
6入
4入
2入
5出
3出
1出
(A糸)2入
要所となる箇所でとめる

サ…サテンS

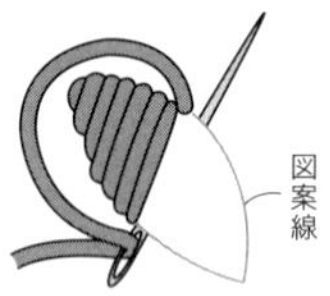
図案線

ス…ストレートS

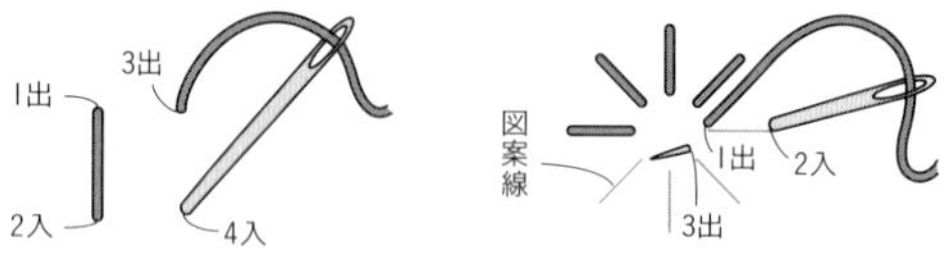
1出
3出
2入
4入
図案線
1出
2入
3出

スパ…スパイダーズ ウェブ ローズ S／ウーブン スパイダーズ ウェブS

中心から5本の軸を
(あるいは奇数本)
ストレートS
1出
2入
中心から針(くぐらせる針は
クロスステッチ針)を出し、1本おきにくぐらせる

チ…チェーンS

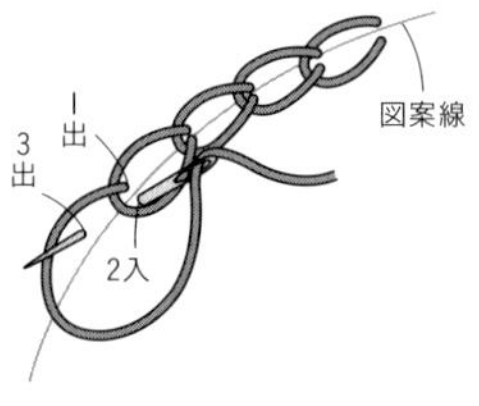
1出
3出
2入
図案線

バ…バックS

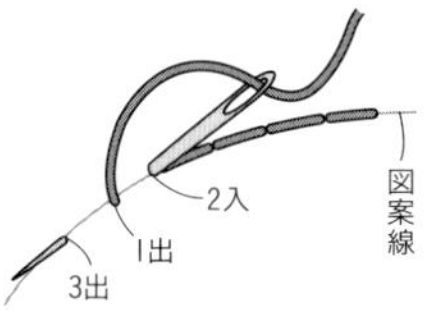
2入
1出
3出
図案線

バス…バスケットS

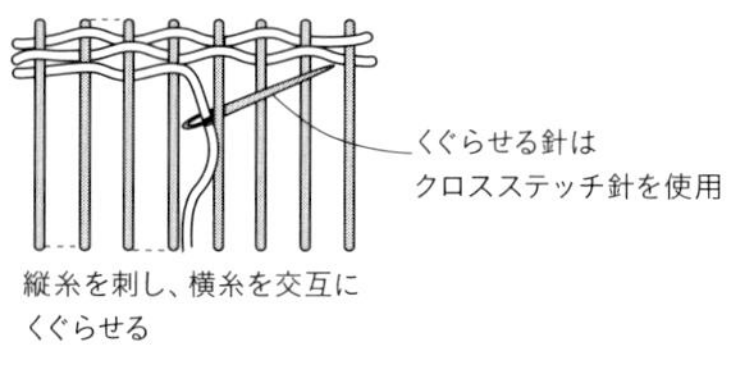
くぐらせる針は
クロスステッチ針を使用
縦糸を刺し、横糸を交互に
くぐらせる

バリ…バリオンS

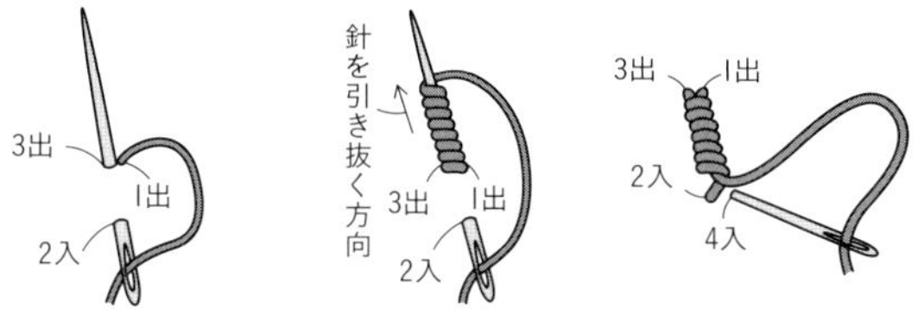

1出の脇から針を出す（3出）

針に糸を巻く。巻いた糸を指で押さえながら針を引き抜く

引き抜いた針を2入のすぐ脇に入れる（4入）

フ…フレンチノットS

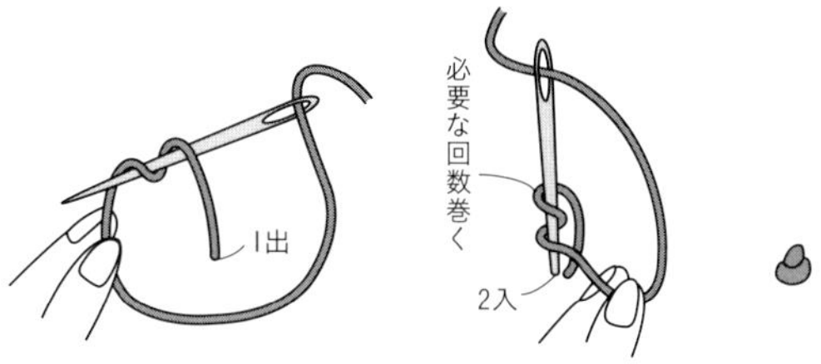

フラ…フライS

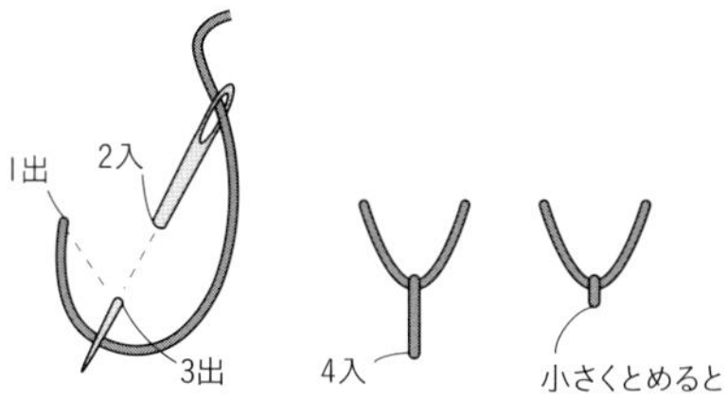

ブ…ブランケットS

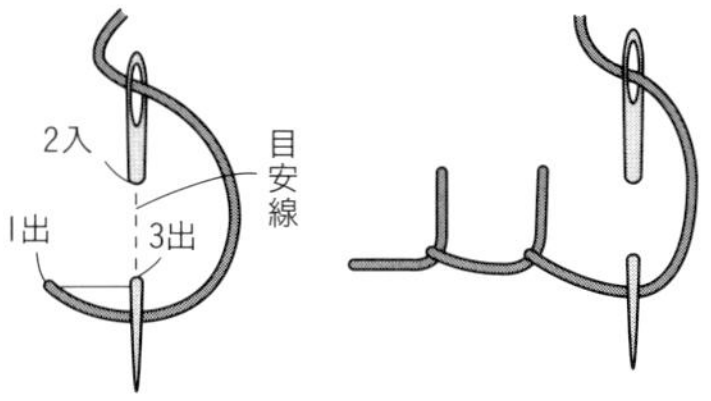

ラ…ランニングS

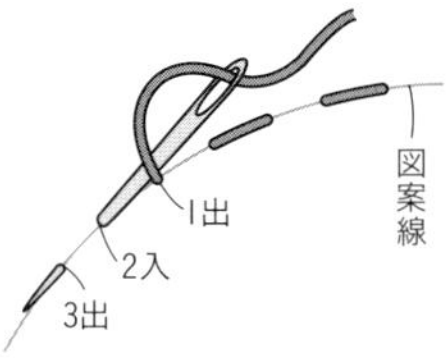

レ…レゼーデージーS

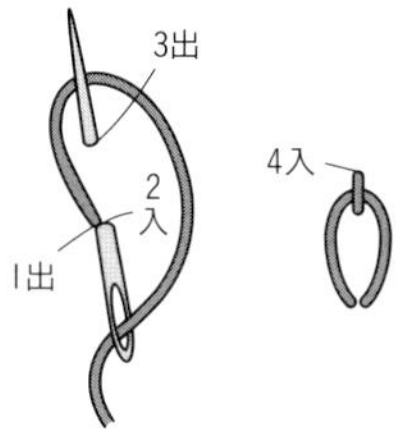

ロ…ロング＆ショートS

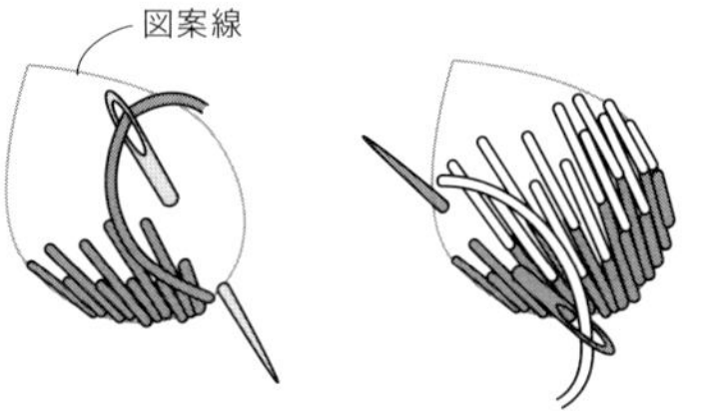

長短のステッチを交互に刺す

◎その他のステッチ

※作り方p.78で使用

スプリットS

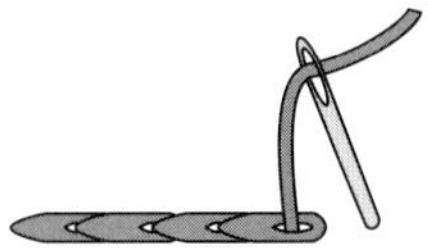

前の目を割って刺す

コーラルS

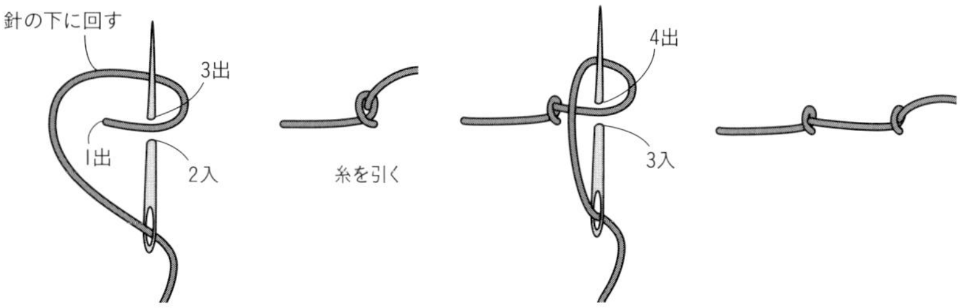

ボタンホール S

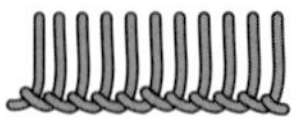

ブランケットSと
同じ要領で
せまい間隔で刺す

ペキニーズ S

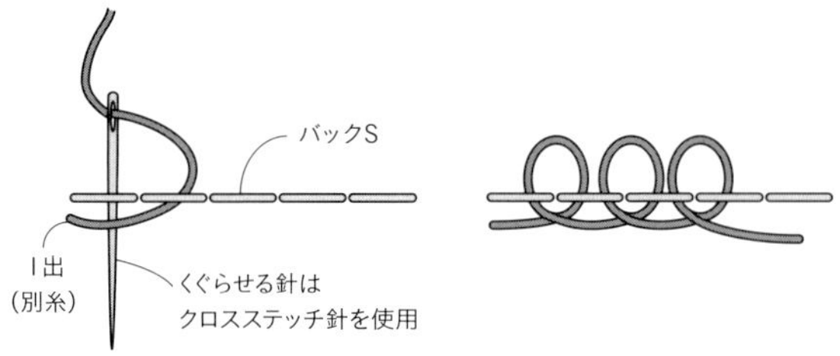

バックS

1出
（別糸）

くぐらせる針は
クロスステッチ針を使用

ウィップ ド バック S

バックS

1出
（別糸）

くぐらせる針は
クロスステッチ針を使用

クローズ ド フェザー S

1出　2入

3出

4入

5出

ノッテド ボタンホール S

1出

指に時計周りに
1周半巻いて輪を作る

糸を下にする　3出

2入

輪に針を入れ（2入）、
糸が下になるように針を出す

糸を引くと
結び目が
できる

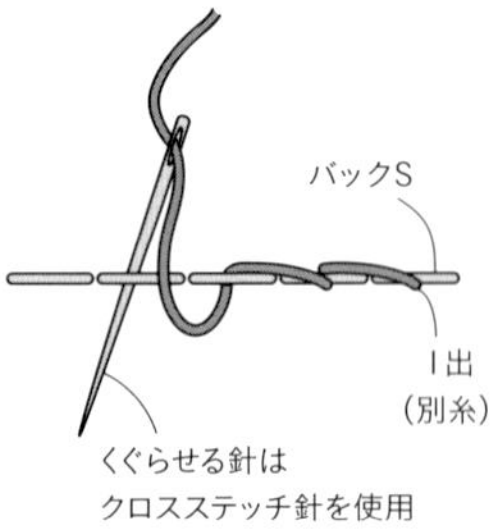

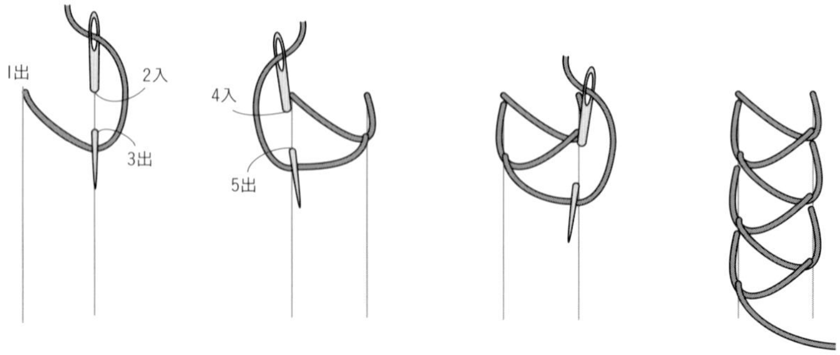

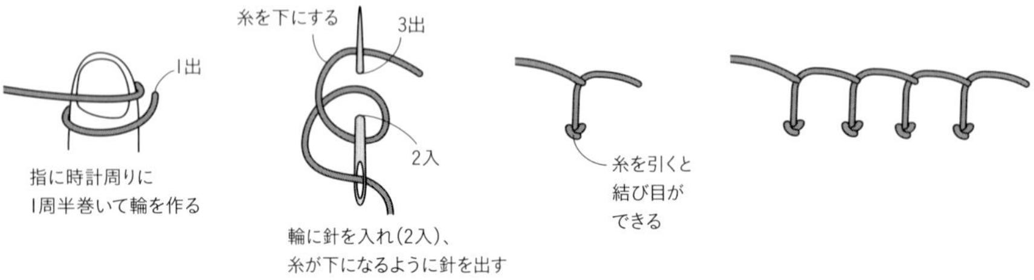

シード S

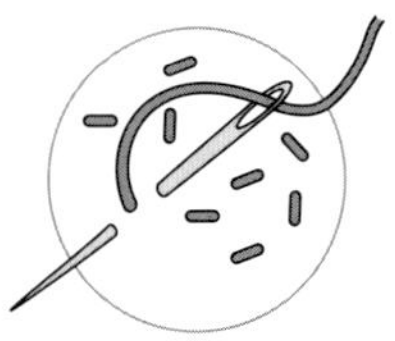

バックSの要領で小さくすくい、
ランダムに刺す

ホルベイン S

（B糸）

ランニングS（A糸）

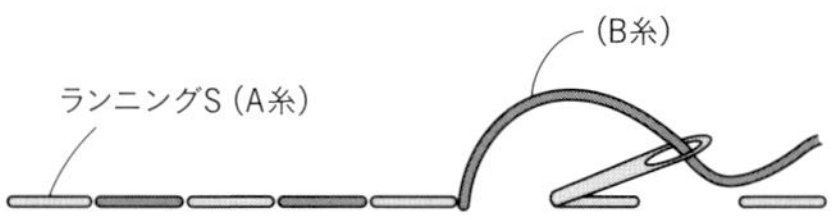

A糸でランニングSし、
ステッチのすき間を埋めるように
B 糸でステッチする

ケーブルS

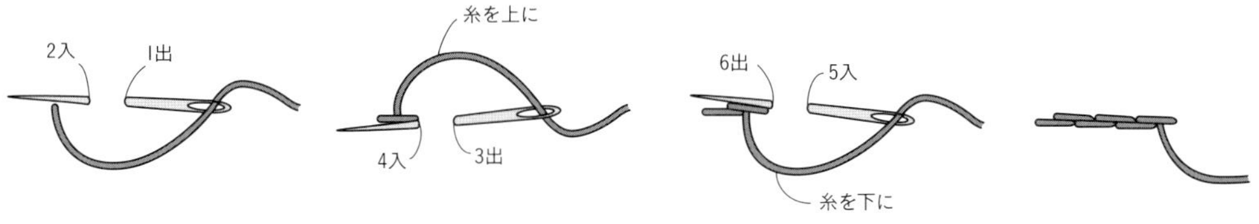

ダブル ボタンホールS

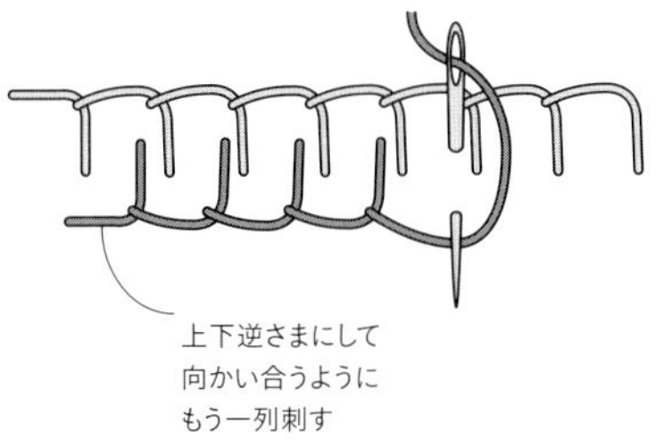
上下逆さまにして
向かい合うように
もう一列刺す

チェッカード チェーンS

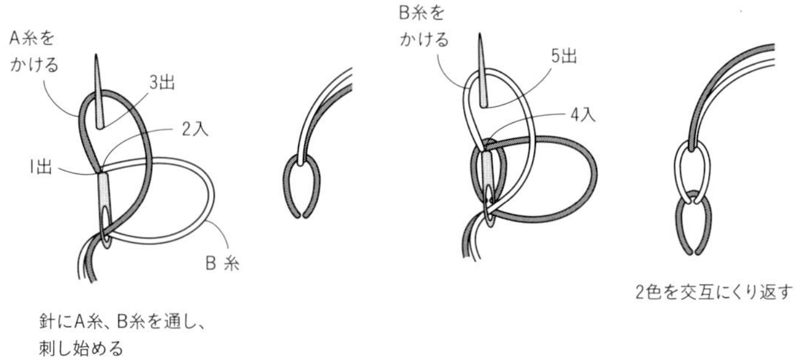
A糸を
かける
3出
2入
1出
B 糸
針にA糸、B糸を通し、
刺し始める
B糸を
かける
5出
4入
2色を交互にくり返す

レース ド ランニングS

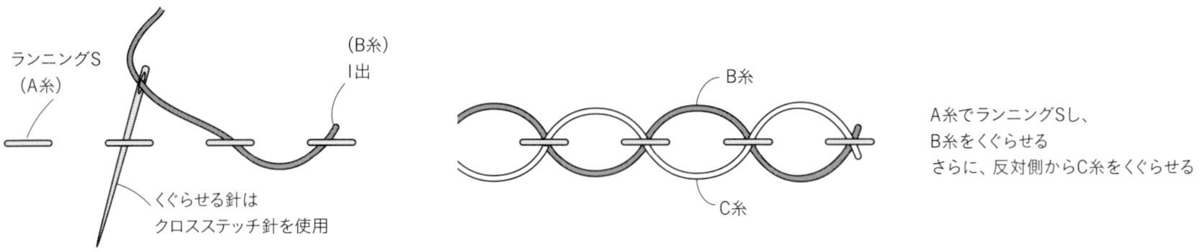
ランニングS
（A糸）
（B糸）
1出
くぐらせる針は
クロスステッチ針を使用
B糸
C糸
A糸でランニングSし、
B糸をくぐらせる
さらに、反対側からC糸をくぐらせる

フィッシュボーンS

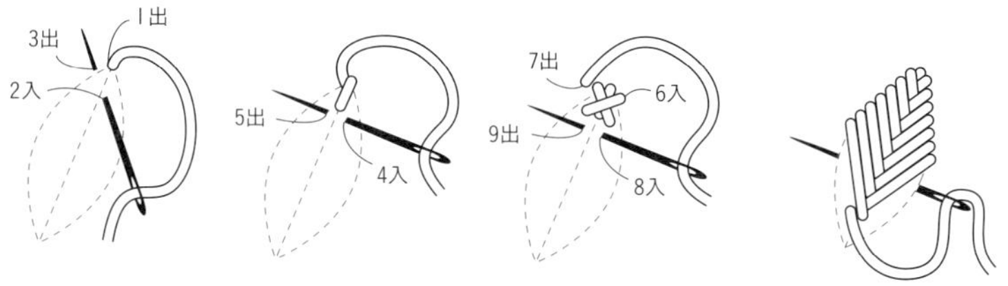

ツィステッド チェーンS

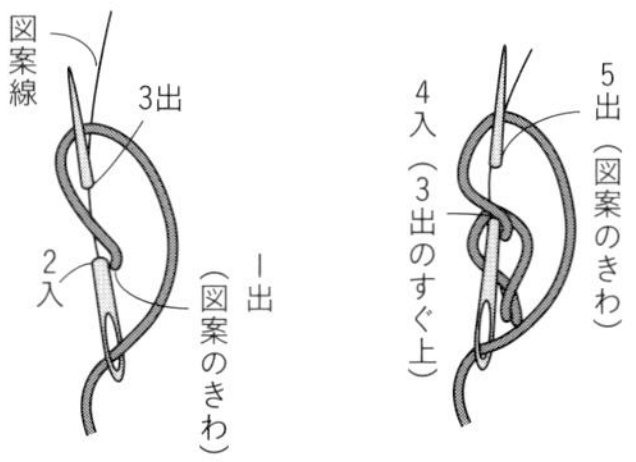

千葉 美波子　Chiba Minako／クロヤギシロヤギ

刺繍家、ABCクリエイター。アルファベットデザインを中心に、難易度や技法などにもこだわり刺繍作品を制作。オリジナル商品開発や有名キャラクターとのコラボ、広告等への作品提供、ワークショップなど幅広く活動する。著書に「日本のかわいい刺繍図鑑」（ビー・エヌ・エヌ新社）「はじめての恐竜刺しゅう」（エクスナレッジ）など。
HP　kuroyagishiroyagi.com
Instagram　@kuroyagishiroyagi

製作アシスタント／松尾さやか

刺繍糸提供／ディー・エム・シー株式会社
TEL 03-5296-7831
www.dmc.com

道具提供／クロバー株式会社
〒537-0025　大阪市東成区中道3-15-5
TEL 06-6978-2277
https://clover.co.jp/

株式会社ルシアン
〒532-0004
大阪府大阪市淀川区西宮原1-7-51 ワコール大阪ビル
お客様センター　TEL 0120-817-125　平日9：00～17：30（土、日、祝は除く）
https://www.lecien.co.jp/

刺繍テープ提供／リネンバード ハバーダッシェリー
〒158-0094　東京都世田谷区玉川3-12-11 B1
TEL 03-3708-6375
http://www.linenbird.com/shop/index.html

アルファベット刺繍の本

2019年7月5日　初版第1刷発行

著　者　千葉美波子
発行者　澤井聖一
発行所　株式会社エクスナレッジ
〒106-0032　東京都港区六本木7-2-26
http://www.xknowledge.co.jp/
問合わせ先
［編集］TEL 03-3403-6796　FAX 03-3403-0582
info@xknowledge.co.jp
［販売］TEL 03-3403-1321　FAX 03-3403-1829

無断転載の禁止
本書の内容（本文、図表、イラスト等）を当社および著作権者の承認なしに無断で転載（翻訳、複写、データベースへの入力、インターネットへの掲載等）、本書を使用しての営利目的での制作（販売、展示、レンタル、講演会）を禁じます。